京王電鉄のひみつ

PHP研究所 編

PHP

CONTENTS

1章　京王電鉄の魅力

2章　京王電鉄の路線と沿線案内

3章　京王電鉄の駅

4章　京王電鉄の車両

5章　京王電鉄トリビア

6章　京王電鉄の施設

7章　京王電鉄の歴史

8章　京王電鉄で活躍する人たちのひみつ

※本書の内容は2012年8月時点の情報に基づいています。

1章 京王電鉄の魅力

大手私鉄の中では、保有車両が４形式と少なく、
合理化が進んだ京王電鉄。
『ミシュラン・グリーンガイド・ジャポン』に、
三つ星として掲載された「高尾山」や、
大都市・高級住宅地などが沿線に点在し、魅力いっぱいです。

1726
KEIO
9796
KEIO

通勤通学・観光の足として大きな役割を担う京王電鉄

京王電鉄は東京西郊の通勤通学輸送や高尾山への観光客輸送を担っています。“京王ブランド”の顔となる愛される鉄道です。

■東京西郊に築かれた一大交通ネットワーク

京王電鉄は、京王線・高尾線・相模原線・競馬場線・動物園線と井の頭線からなる全長84.7kmの路線を、東京都西部を中心に、神奈川県北部にまたがるエリアで運行する私鉄です。1日あたりの輸送人員は、およそ171万人（2012年3月末現在）。「**大手私鉄**」の中では長い路線を有する事業者ではありませんが、通勤通学の足としてはもちろん、フランスのガイドブック『ミシュラン・グリーンガイド・ジャポン』で「三つ星」として掲載された人気の観光地・高尾山への行楽地輸送や、東京競馬場、味の素スタジアムへの観客輸送にも、大きな役割を担っています。

電車を補完する京王電鉄バスグループと西東京バスの路線バスとともに、京王電鉄は東京西郊に一大交通ネットワークを形成しています。

京王電鉄停車駅　※2012年8月19日のダイヤ改定で、特急の運転はなくなりましたが、2012年度中に抜本的なダイヤ改正を予定しています

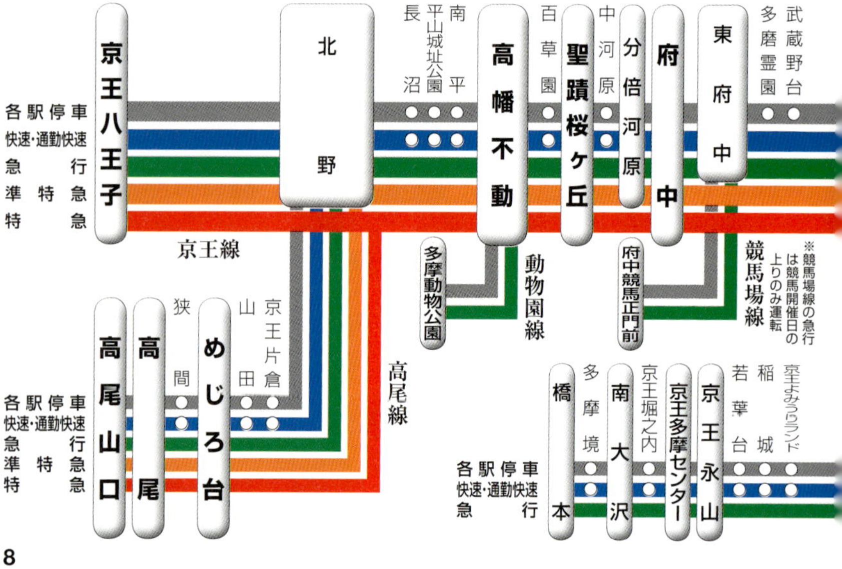

■「イメージのよさ」も大きな魅力

「イメージのよさ」も、京王電鉄の大きな特徴のひとつです。京王線は新宿を出ると、古くから高級住宅地とされてきた渋谷・杉並・世田谷区を走り、つつじヶ丘や聖蹟桜ヶ丘には、自社の開発による落ち着いたたたずまいの住宅街も広がっています。井の頭線の沿線には、緑が広がる井の頭公園や、「住んでみたい町」のトップクラスに挙げられる下北沢・吉祥寺などが控えています。

そこを駆け抜ける京王電鉄の車両はスマートで、どこか洒落た雰囲気がただよっています。映画やドラマ、CMにも、京王電鉄の電車は、よく登場しています。

京王線を走る9000系、8000系、7000系、井の頭線の1000系は、デザイン面でも性能面でも、鉄道ファンから高い評価を得ている車両です。

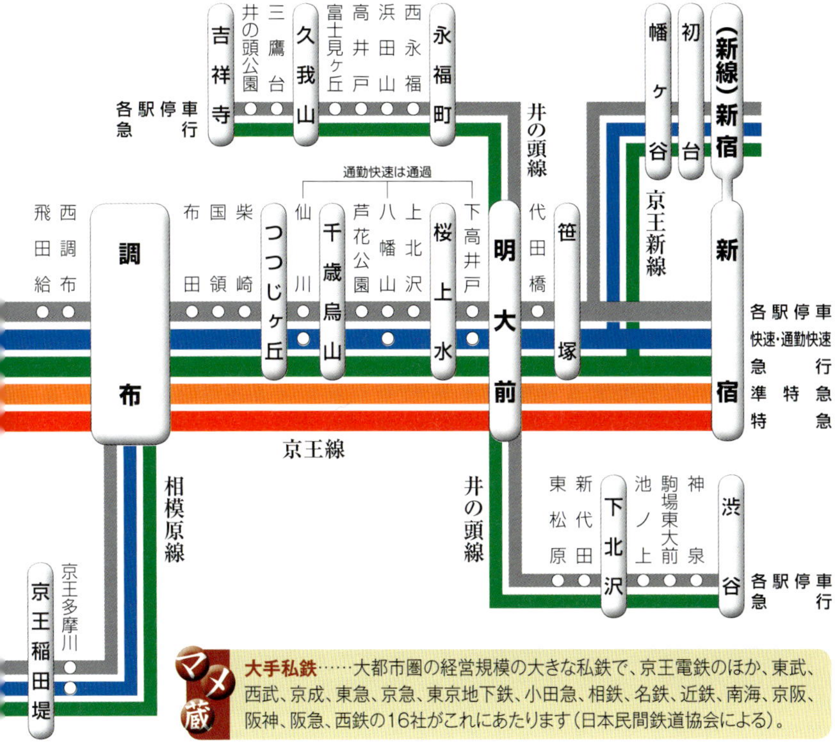

マメ蔵

大手私鉄……大都市圏の経営規模の大きな私鉄で、京王電鉄のほか、東武、西武、京成、東急、京急、東京地下鉄、小田急、相鉄、名鉄、近鉄、南海、京阪、阪神、阪急、西鉄の16社がこれにあたります(日本民間鉄道協会による)。

ハイスペックで洗練された京王電鉄の車両の先進性

京王電鉄には4種類の車両が運行されていますが、いずれも高性能、デザインのよさ、バリアフリー化が高く評価されています。

■VVVFインバータ制御装置を搭載

京王電鉄には、京王線に2001（平成13）年に運行を始めた9000系、1992（平成4）年の8000系、1984（昭和59）年の7000系と、3種類の車両が活躍しています。井の頭線はすべて、1996（平成8）年以降に製造された、1000系による運行です。

9000系、8000系と1000系は、全車が最新式の**VVVFインバータ制御**による三相交流電動機搭載という、高性能の電車です。これは1500Vの直流電力を架線から取り入れ、床下の機器で交流に切り替えるというもので、もともとは界磁チョッパ制御車であったためエネルギー効率が高く、メンテナンスもしやすいという特長があります。7000系も順次、VVVFインバータ制御車化が進められ、2012（平成24）年度中には100%達成する予定です。また、全車両に、ブレーキをかけたときに発生する電力を架線に戻す、電力回生ブレーキが備えられています。

9000系は、洗練されたデザインが魅力

■「グッドデザイン賞」に輝いた個性的なデザイン

京王電鉄の車両の魅力は、その洗練されたデザインにあります。8000系、9000系の車体はシンプルな軽量ステンレス製ですが、前頭部には普通鋼が使われています。京王伝統のアイボリーをまとった前頭部のデザインは「通勤用電車としては最高水準」といわれるほどの個性を備えています。8000系、9000系ともに、通商産業省（現・経済産業省）の「グッドデザイン賞」を受賞しています。

1000系も、「名車」といわれた3000系から採用している、7色のレインボーカラーをそれぞれ1色ずつ前頭部にまとって、単調になりがちなステンレス車体のイメージを向上させています。前面に非常用の貫通扉を持ちながら、それを中心線の左側に寄せることで、大きな2枚窓に見せる個性的なフロントデザインは高く評価されています。

9000系、8000系、1000系ともに新造時から車いす用スペースを設けるなど、バリアフリー化が進んだ車両です。7000系の車内も、これらにあわせたリニューアルが進められています。

マメ蔵

VVVFインバータ制御装置……インバータとは直流電力を交流に変換する装置のひとつで、周波数と電圧を変える機能を持ち、それによって電動機の出力を制御します。VVVFとは「可変電圧·可変周波数」の英訳の略称です。

3000系から採用している7色のレインボーカラーを引き継いだ1000系

個性あふれる店舗が並び、求心力が高い京王電鉄の駅

京王電鉄の駅には百貨店や「駅ナカ」ショップなど、付加価値を持ったさまざまなサービス施設が展開されているのが魅力です。

■ 拠点駅のサービス施設が充実

京王電鉄には全部で69（新線新宿駅は新宿と同一駅とみなす）の駅があり、それぞれに利用しやすく、拠点駅には「付加価値」を持ったサービス施設も整えられています。

新宿は地下に3本の線路を持つ京王線のターミナルで、南側に新線新宿の1面2線のホームが別に設けられています。新宿と新線新宿を結ぶ地下通路は、京王モールと呼ばれる商店街を形成していて、京王グループの企業が管理する飲食店や女性向けのブティックなども含め、個性にあふれた店舗が並んでいます。

新宿駅の上には京王百貨店新宿店があり、中高年層をターゲットにした品ぞろえで知られ、歩きやすい靴や気になる体型をカバーする洋服などに定評があります。いまや全国区で知られる「**元祖有名駅弁と全国うまいもの大会**」なども開かれています。

京王線の新宿駅の上に立つ京王百貨店新宿店

■「駅ナカ」ショップ化や人気の売店も

明大前の井の頭線下りホームも、京王グループの商業施設「フレンテ明大前」の開業で、すっかり「お洒落な駅ナカ」に姿を変えました。高架化された府中にも、駅ナカに「ぷらりと」、駅ビルには京王ストアや京王アートマン、高架下には啓文堂書店などのグループ企業が出店しています。

京王電鉄本社の移転で、聖蹟桜ヶ丘も拠点駅としてのイメージが定着しました。駅の南北には京王百貨店聖蹟桜ヶ丘店やファッション専門店、京王アートマンなどが入る、京王聖蹟桜ヶ丘ショッピングセンターが展開されています。地下駅の京王八王子の駅ビルは、「K-8（けいはち）」という愛称で親しまれている京王八王子ショッピングセンターです。

高尾山口駅構内にある売店「K-Shop」高尾山口店は、高尾山関連の土産物や登山用具がそろう店として、人気を呼んでいます。

マメ蔵
元祖有名駅弁と全国うまいもの大会……「京王駅弁大会」として親しまれ、1966年に第1回が開かれ、2012年で第47回を迎えました。毎年1月上～中旬の開催時には、全国200種類以上の駅弁が集まり、2週間で6億円以上も売り上げる名物イベントです。

京王聖蹟桜ヶ丘ショッピングセンター

府中の駅ナカ「ぷらりと」

「K-Shop」高尾山口店

京王線と井の頭線の2系統6路線が東京西郊の交通をささえる

京王電鉄は東京西郊に6路線、あわせて84.7kmを運行しています。京王線系統は1372mm、井の頭線は1067mmの線路幅です。

■ 京王線では、列車の種別は６種類

京王電鉄は新宿を起点とする**京王線**（京王線・高尾線・相模原線・競馬場線・動物園線）と、渋谷～吉祥寺間を結ぶ井の頭線のあわせて６路線、84.7kmを運行しています。

京王線は新宿～京王八王子間37.9kmの路線で、８両・10両の長大編成がひんぱんに行き来する、京王線の「本線」といえる存在です。新線新宿～笹塚間は「京王新線」と呼ばれており、都営地下鉄新宿線と相互乗入れ運転を行っています。京王線には特急、準特急、急行、快速、通勤快速、各駅停車の６種類の電車が運行されています（2012年8月19日のダイヤ改定で特急の運転はなくなりました)。

相模原線は調布～橋本間22.6kmで、沿線に開発された多摩ニュータウンへのアクセス路線として、調布～京王多摩川間の支線を延長する形で、京王よみうりランド、京王多摩センター、南大沢と順次延伸され、橋本まで全通した路線です。

東京西部の交通をささえる京王線

■競馬場線は映画やドラマ、CM撮影の名所

高尾線は北野〜高尾山口間8.6kmで、北野〜山田間は、戦時中に休止とされた御陵線の一部にあたります。京王が開発しためじろ台などの住宅地からの通勤・通学輸送のほか、年間260万人が訪れる人気の観光地・高尾山への観光客輸送にも大きな役割を果たしています。

競馬場線は東府中〜府中競馬正門前の0.9km、動物園線は高幡不動〜多摩動物公園の2.0km、いずれも1駅だけの支線です。それぞれ、競馬ファンや家族連れの足として、土休日にはにぎわいを見せています。平日昼間の利用が少ないことから、映画やドラマ、CM撮影などによく使われます。とくに府中競馬正門前のホームは「名所」です。

井の頭線は渋谷〜吉祥寺間12.7kmの路線で、もともと別会社の帝都電鉄によって建設されたため、1067mmゲージ（軌間）を採用しています。京王線の1372mmゲージ（軌間）と異なるため車両の行き来はできず、線路もつながっていません。井の頭線では各駅停車のほかに急行が運転され、渋谷〜吉祥寺間を最短16分で結んでいます。

マメ蔵

京王線……1372mmゲージの路線である、京王線･高尾線･相模原線･競馬場線･動物園線を、1067mmゲージの井の頭線と区別するために、5線あわせて「京王線」と呼ばれることがあります。

京王線の1372mmゲージとは異なる1067mmゲージを採用している井の頭線

企業理念とイメージを表現する「KEIO」のロゴマーク

「KEIO」のロゴマークは、活気に満ちた新しい京王のイメージを浸透させるためという目的で、制定されました。

■社名変更に先立ち制定

京王電鉄は、京王帝都電鉄時代の1989（平成元）年11月、ロゴマークをそれまで慣れ親しまれた「京」を図案化したものから、「**KEIO**」のシンプルなデザインに変更しました（136ページ参照）。「すがすがしく活気に満ちた新しい京王のイメージを浸透させるため」だったといいます。

これを足がかりとして1998（平成10）年7月1日、京王帝都電鉄は、京王電鉄への社名変更に踏み切ります。「社章を『KEIO』に制定して以来すでに8年が経過し、京王という呼称は、京王帝都よりも親しみが出てきた」というのが、その理由でした。

2005（平成17）年6月29日には、英文社名も「Keio　Electric Railway　Co., Ltd.」から、「Keio　Corporation」に改められました。

京王グループのロゴマークとして、1989年に制定

■「信頼のトップブランド」を目指して

京王グループの理念は、「信頼のトップブランド」になることを目指すとあります。また、「安全は最大の使命であり、最高のサービスである」という信念を掲げて事業を展開しています。

社名変更以降、2006（平成18）年には、「安全管理規程」を制定し、「運輸安全マネジメント」を推進しています。ATC（自動列車制御装置、174ページ参照）は、2010（平成22）年3月より相模原線を皮切りに導入され、2011（平成23）年10月には相模原線以外の京王線系統（京王線・高尾線・競馬場線・動物園線）でも使用が開始されました。京王線の新宿駅では、ホームドアの設置も進められています。

「信頼のトップブランド」を目指し、京王電鉄は安全性を高めるための施策や、バリアフリー化、省エネルギー化などに取り組んでいるのです。

マメ蔵

「KEIO」マーク……京王電鉄の社章としてだけでなく、京王グループ全体のロゴマークとして広く使われています。グループには社名に「京王」が付かない企業（御岳登山鉄道など）もあるので、“意外なところ”で目にする可能性もあります。

ロゴマークは京王自動車のタクシーのドアにも使われている

沿線価値の向上に一丸となってまい進する京王グループ

京王グループは45社で構成され、新たな事業も加えたさまざまな会社が、計3904億円の売上高を誇っています。

■45社、2万人で3904億円の売上高

京王グループは京王電鉄を中核企業として、さまざまな業種を含む45社によって構成されています。運輸業、流通業、不動産業、レジャー・サービス業、その他の業種の5つに、大きく分類することができます。グループ全体をひとつの企業とみなす連結決算によると、売上高は3904億円、従業員数は約2万人という大きな企業体になります。なお、京王電鉄本体の全営業収益は、2012（平成24）年3月決算で1172億3400万円、従業員数は2380人となっています。

運輸業グループは、鉄道事業のほかに、バス、タクシー、貨物輸送などを行っています。おもな企業としては、京王電鉄バスグループ5社、西東京バスのほか、タクシーの京王自動車、貨物運送業の京王運輸、さらに御岳登山鉄道があります。

■子育て支援や高齢者住宅も

流通業は「お客さまの満足」を第一に掲げ、京王沿線を中心とする「暮らしのサポート」にあたっています。京王百貨店、京王ストアをはじめ、駅売店やミニコンビニを展開する京王リテールサービス、啓文堂書店の京王書籍販売、京王アートマンなどがここに含まれます。

また、京王不動産、京王地下駐車場、2012年に京王グループに加わったリノベーション事業を手がけるリビタの不動産事業、レジャー・サービス業では、ホテル業の京王プラザホテルと京王プレッソイン、旅行業の京王観光、広告業の京王エージェンシーなどがあります。そのほか、鉄道車両の改造で高い評価を得ている京王重機整備、総合建設業の京王建設に加え、新規事業として子育て支援を行う京王子育てサポート、高齢者住宅事業の京王ウェルシィステージなど、さまざまな企業がグループに加わっています。

マメ蔵

京王グループの理念……京王グループでは、グループの存在意義を明文化し、価値観を共有するため、2003年1月に「京王グループ理念」を制定しています。この理念のもと、グループ一丸となって総合力を高め、グループとしての企業価値向上に努めています。

京王電鉄を中核とした京王グループでは、沿線を中心に多彩なサービスを展開

京王線・井の頭線を中心にネットワークを展開する京王電鉄バスグループ

京王観光はパッケージツアーの品ぞろえが豊富

食品から日用品までそろう京王ストア

2章 京王電鉄の路線と

京王電鉄は増える利用者のために、
編成両数の増加や大型車の導入で、
混雑緩和を図ってきました。

沿線案内

6つの路線で1年間に6億人以上を運ぶ京王電鉄

京王電鉄は京王線、高尾線、相模原線、競馬場線、動物園線と井の頭線をあわせた84.7kmの路線で、1日あたりおよそ171万人（2012年3月末現在）を輸送しています。

■ 定期旅客の輸送人員は全体の58%

沿線に多くの住宅や団地を抱える京王電鉄は、通勤・通学のイメージが強い路線です。1996（平成8）年以降、京王線では朝ラッシュ時の1時間の間、上り列車30本すべてを10両編成で運行し、井の頭線もこの年から、それまでの18m級5両編成だった3000系に加え、20m級5両編成の1000系を導入。1997（平成9）年からは朝ラッシュ時の1時間に28本だった上り列車の運行を、京王線と同じ30本に増強しました。

ただし、2011（平成23）年度で見ると、**定期旅客**の輸送人員は年間およそ3億5800万人で、全体の約58%。少ないと思われるのではないでしょうか。これは、年間およそ260万人が訪れるといわれる高尾山への観光客輸送や、東京競馬場での中央競馬、味の素スタジアムでのサッカー観戦客輸送など、京王電鉄は多様なニーズを抱えていることが理由です。もちろんこの中には、最寄りの駅から新宿・渋谷・吉祥寺といった古くからにぎわってきた街、そして聖蹟桜ヶ丘、南大沢など新たな商業施設への買物客の行き来も決して少なくありません。そうした定期外旅客輸送人員も、およそ2億6100人に達しているのです。

■ 輸送人員・収入は2008年がピーク

輸送人員総数を年度別に見ると、1990（平成2）年度が5億6500万人、2005（平成17）年度には6億600万人に達し、2000年代には6億人を超えました。2008（平成20）年度には、6億3700万人のピークを迎えています。旅客運輸収入は、2008（平成20）年度の801億円をピークに減少し、2011（平成23）年度では768億円となっています。それでも1985（昭和60）年に比べると、2011（平成23）年は、輸送人員では約1.2倍、旅客運輸収入では約1.8倍にもなっています。

マメ蔵

定期旅客……通勤･通学定期券を購入して利用する乗客のことで、定期券は通常1･3･6カ月単位で販売されます。普通運賃による往復×有効期間日数よりも低額に設定され、有効期間が長いものほど割引率も高くなっています。

東京西部に路線を持つ京王電鉄 定期外旅客輸送もかなりの比率に

輸送人員・旅客運輸収入の推移

＝定期旅客　＝定期外旅客

年度別輸送人員の推移（単位：百万人）

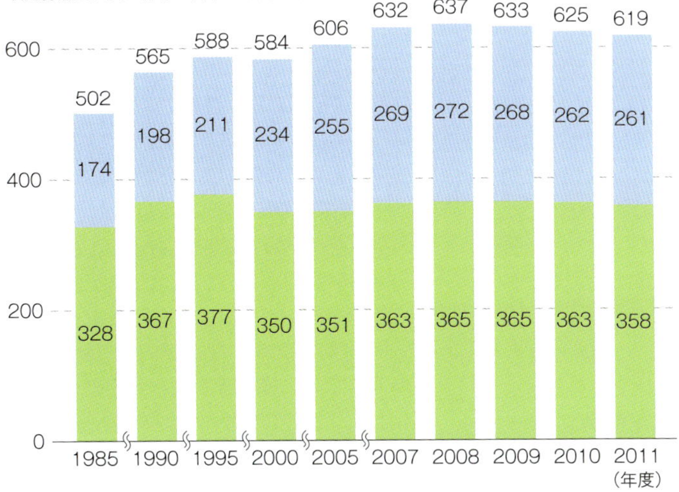

年度別旅客運輸収入の推移（単位：億円）

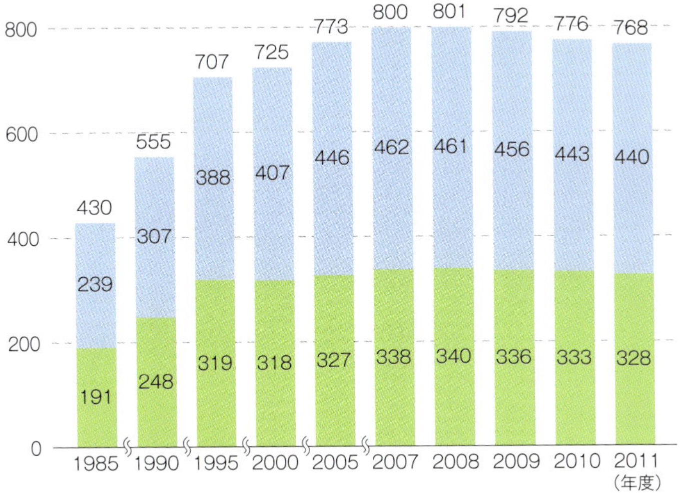

京王電鉄の「本線」である京王線は1925年に全通した大動脈

京王線は新宿～京王八王子間の37.9km。うち複線が34.3km、複々線が3.6kmあります。駅数は井の頭線と交差する明大前駅を除いて33駅(新線新宿と新宿は同一駅とみなす)です。

■東京西郊で最古参の歴史を誇る雄

京王線は新宿と八王子を結ぶことを目的に、京王電気軌道（当時）によって建設されました。最初に開業したのは1913（大正2）年の笹塚～調布間で、1915（大正4）年までに新宿追分～笹塚間、1916（大正5）年に調布～府中間が開業しています。東京西郊では小田急電鉄や東急電鉄よりも古い歴史を持っています。府中～東八王子（現・京王八王子）間は、系列の**玉南電気鉄道**の路線として1925（大正14）年に開業しました。のちに一部路線の変更はあったものの、この時点でいまの京王線の路線がほぼ形づくられたことになります。なお、複々線区間の3.6kmは新線新宿～笹塚間の「京王新線」にあたり、途中の初台、幡ヶ谷は京王線の駅としてカウントされますが、京王線上にホームはなく、京王線新宿駅を発着する列車は停車しません。

1989（平成元）年に地下化された京王八王子駅

長い編成の高速列車がひんぱんに走る京王線は、京王電鉄の大動脈

■新宿～京王八王子間を約40分で結ぶ

新宿を発車した電車はしばらく地下を走り、旧・初台駅のホームをかすめ、笹塚の手前で地上に出て高架に上ります。明大前は井の頭線との接続駅で、乗降人員は1日5万人ほどですが、乗換客は約17万人にもなっています。下高井戸は東急世田谷線との接続駅。ほかに京王線が他社線と接続する駅は、JR南武線との分倍河原、多摩都市モノレールの高幡不動だけです。調布駅付近で本線と相模原線が平面で交差しますが、これも連続立体交差化により、2012年度に解消される予定です。東府中で競馬場線を分けると、府中駅周辺は連続立体交差化が完成しています。中河原の先で多摩川を渡り、京王電鉄本社のある聖蹟桜ヶ丘へ。高幡不動で動物園線、北野で高尾線を分岐すると、まもなく地下の終着駅・京王八王子に着きます。新宿～京王八王子間は、準特急で約40分。京王線は東京西部の大動脈として、たくさんの乗客を運んでいます。

マメ蔵

玉南電気鉄道……府中～東八王子間を「地方鉄道法」による路線として開通させるため、1922年に設立。資本金150万円は京王電軌が40%、沿線の有志などが60%を負担しました。26年に京王電気軌道に併合されています。

わずか8.6kmの高尾線
通勤、観光で大活躍

高尾線は北野～高尾山口間の8.6km。うち単線が1.7km、複線が6.9kmです。駅数は、北野を除いて6駅です。

■大人気になった「京王めじろ台住宅地」

高尾線の前身は、1931（昭和6）年に北野～御陵前間で開通した、御陵線です。大正天皇が葬られた多摩御陵への参拝路線として造られましたが、1945（昭和20）年に休止されています。いまの高尾線の北野～山田間は、御陵線の一部にあたります。

高尾線は1967（昭和42）年10月1日、北野～高尾山口間の路線として、全線が開業しました。京王帝都電鉄（当時）は、1965（昭和40）年春から、途中の新駅・めじろ台周辺に総面積94haの住宅地を造成していて、高尾線開業の日にあわせ、第1期分譲の受付を開始しました。1000人以上の行列ができ、予定の537区画は即完売。1970（昭和45）年までに行われた2～5期分もすべて即日完売の人気だったといいます。高尾線の建設は、高尾山への観光客輸送はもちろん、京王めじろ台住宅地の開発とセットでなされたものだったのです。その後、沿線は他社による開発も含めた一大住宅エリアとして発展し、高尾線はいまも通勤・観光客輸送の両輪を担っているのです。

宅地化が進んだ沿線の住民にとっても、高尾線は重要な足

■人気の観光地・高尾山へ

北野を出ると、京王線が右カーブで分かれていき、高尾線のほうが本線のようにも見えます。JR横浜線をまたぐと京王片倉、山田の先で高尾線がやや左にカーブを切るあたりから、御陵線が北へ向かって延びていました。めじろ台、狭間を過ぎるとまもなく右手にJR中央線が近づき、高尾に着きます。休日はもちろん、平日でも多くの高尾山登山客が、乗り継いでいきます。この先終点の高尾山口までは、線路は単線になり勾配《こうばい》もきつくなっていきます。かつては路面電車の**武蔵中央電気鉄道**が、南側の高尾橋まで運行されていました。

マメ蔵

武蔵中央電気鉄道……1929年に会社が設立され、32年までに東八王子～高尾橋間と横山町～八王子駅前間、8kmあまりの軌道線を開通させました。38年に京王電気軌道に併合され、39年には全線が廃止されています。

高尾山観光には、ふもとまで運んでくれる高尾線が便利

多摩ニュータウンを貫く通勤路線の相模原線

相模原線は調布～橋本間の22.6km。すべて複線で一部を除き、高架構造になっています。駅数は調布を除いて11駅です。

■１駅間だけの支線から始まったニュータウン新線

相模原線の前身は、京王電気軌道が1916（大正5）年に調布～多摩川原（現・京王多摩川）間を開通させた支線です。1924（大正13）年には複線化されました。

1966（昭和41）年に、多摩ニュータウンの造成が始まると、京王帝都電鉄（当時）は京王多摩川までだった支線を延伸し、ニュータウンを貫く通勤路線「相模原線」建設の免許を得ます。1971（昭和46）年に京王よみうりランドまで、1974（昭和49）年にはニュータウンの中心にあたる京王多摩センターまでが開業しました。1988（昭和63）年に南大沢へ、そして1990（平成2）年3月30日、橋本までの全線が開業。途中の多摩境駅の開業は、1991（平成3）年4月のことになります。

相模原線は、1916年に開通した調布～多摩川原（現・京王多摩川）間を除けば、ほぼ全線にわたり掘割と高架区間が続く

多摩ニュータウンを東西に走る相模原線

■小田急多摩線と方向別複々線のように並走

調布を出た相模原線の電車はまもなく高架に上がり、右手に京王閣競輪場の建物が迫るかつての終点・京王多摩川を経て多摩川を渡ります。京王稲田堤駅の直下でJR南武線と交差していますが、JRの稲田堤駅は、500mほど離れています。京王よみうりランド、稲城を過ぎると周辺は丘陵地になり、開けたところが若葉台で、車両基地が設けられています。京王永山、京王多摩センター間で**小田急多摩線**と並走しますが、方向別複々線区間のように見えます。その先、トンネルを抜けた京王堀之内、南大沢のあたりにも、多くの住宅や商業施設が並ぶようになりました。多摩境の先で右にカーブを切ってJR線をまたぎ、線路が並行になったところが、終点・橋本です。

マメ蔵

小田急多摩線……神奈川県川崎市麻生区の新百合ヶ丘駅から東京都多摩市の唐木田駅までの10.6kmを結ぶ、小田急電鉄では一番新しい路線です。千代田線に直通する「多摩急行」が乗入れ、平日の下りのみ「特急ロマンスカー」も運転されます。

競馬場線は日本で唯一の競馬場アクセス路線

競馬場線は東府中～府中競馬正門前間の0.9km。すべて複線ながら、1駅間だけの路線です。

■ 1955年に0.9kmが開業

競馬場線は1955（昭和30）年、日本中央競馬会（JRA）**東京競馬場**へのアクセス路線として、開業しました。1916（大正5）年の京王電気軌道（当時）開業時、いまの東府中に駅はなく、やや府中寄りに「八幡前」という駅が設けられました。1933（昭和8）年、目黒競馬場が東京競馬場として現在地に移設されると、京王電軌は1935（昭和10）年10月、甲州街道と競馬場通りとの交差点に近い、いまの東府中にあたる位置に、競馬場前という開催日のみ営業の臨時駅を開設します。1937（昭和12）年には八幡前が東府中と改称。さらに1940（昭和15）年にこの東府中を廃止して競馬場前を正式な駅としたうえで、東府中と改称したという、ややこしい経緯があります。

東府中は長く、東京競馬場の最寄り駅として機能していましたが、競馬人気の高まりとともに、競馬場に直結する駅を設けてほしいとの要望が高まり、1955（昭和30）年4月29日、競馬場線が開業したのです。終点の駅名は府中競馬場という通称から、府中競馬正門前とされました。この日は京都競馬場で、第31回天皇賞が開催されています。

府中競馬正門前駅と東京競馬場を結ぶ連絡通路

■平日はワンマン2両が折り返し運転

東府中を出発した電車は、住宅地の中をゆっくり走り、すぐに1面2線の、奥が広がった島式ホームに着きます。平日はワンマン化された2両編成の7000系が折り返し運転をするだけですが、競馬開催日には新宿・新線新宿からの直通の臨時急行が運行されたり、下りの準特急が東府中に臨時停車したりもします。府中競馬正門前の年間乗降客数は、100万人を超えます。ほかに東京競馬場へのアクセスは、国鉄下河原線・東京競馬場前駅廃止の1973（昭和48）年以降、JR南武線・武蔵野線の府中本町が担っています。

マメ蔵

東京競馬場……JRAが運営する日本最大の競馬場で、日本ダービー、オークス、天皇賞（秋）、ジャパンカップなど年間8つのGIレースが開催されています。1日最大およそ十数万人、年間約300万人もの入場者があります。

GⅠレース開催日などには、長編成の9000系や都営10-000（いちまん）形などが運用に入る

ラッピング電車が大人気
多摩動物公園まで1駅の動物園線

動物園線は高幡不動～多摩動物公園間の2.0km。すべて単線、1駅間だけの路線です。

■ 専用の7000系電車が折り返し運転

動物園線は1958（昭和33）年に高幡不動駅南側の丘陵地に開園した**多摩動物公園**へのアクセスルートとして1964（昭和39）年4月29日、高幡不動～多摩動物公園間2.0kmが開業しました。当時の名称は、多摩動物公園線です。線内の折り返し運転用にはワンマン化された4両の専用編成があてられ、車体に描かれた動物たちのイラストが、多摩動物公園を訪れる子どもたちの間で、人気です。専用編成には長く6000系の5扉車が使われていましたが、2011（平成23）年3月から、7000系に変更されています。土休日には、新宿からの直通急行列車も運行されています。

終点の多摩動物公園駅の改札口

京王れーるランドでは、1000系のプラレールなどオリジナルグッズが購入できる

4 両編成のラッピング電車が行ったり来たりする動物園線

■ ずっと多摩都市モノレールと並走

動物園線の折り返し列車は、高幡不動駅では南側の１番線ホームから発車します。新宿方面へ向かうように線路が敷かれているため、新宿からの直通急行は２番線を使ってスイッチバックしています。線路用地は複線分が確保されていますが、開通以来ずっと単線のままです。多摩都市モノレールの高架をくぐり、川崎街道をまたいだ先から多摩動物公園まで、ずっと右手をモノレールが並走します。動物園線には途中駅がありませんが、モノレールには程久保駅が設けられています。

多摩動物公園駅は１面２線の島式ホームで、かつては両側に降車用ホームが設けられた櫛形でした。現在、駅舎にはＮゲージ運転体験などを楽しめ、京王電鉄のオリジナルグッズを購入できる「京王れーるランド」が併設されています（詳しくは168・169ページ参照）。

マメ蔵

多摩動物公園……1958年に開園した面積52.3haの動物園で、年間100万人近くが訪れています。1984年にオーストラリアから贈られ、繁殖を続けてきたコアラや、ライオンの群れの中を走るライオンバスが人気です。

東京屈指の高級住宅街や「住みたいまち」を結ぶ井の頭線

井の頭線は渋谷〜吉祥寺間の12.7km。全線複線で、駅数は明大前を含めて17です。ゲージは京王電鉄の路線で唯一、1067mmになっています。

■帝都電鉄の路線として開業

井の頭線は当時の**帝都電鉄**の路線として、1933（昭和8）年8月に渋谷〜井の頭公園間が開業、1934（昭和9）年4月1日、吉祥寺までの全線が開業しました。1940（昭和15）年に小田原急行電鉄（のちに小田急電鉄に改称）に合併されて帝都線となり、1942（昭和17）年には小田急電鉄自体が東京急行電鉄として合併し、井の頭線と改称されました。1948（昭和23）年6月、東京急行電鉄（いわゆる大東急）が分割される際、井の頭線は京王線とともに、京王帝都電鉄として発足しました。井の頭線のゲージが1067mmなのは、系列だった小田急電鉄にあわせて建設されたためです。

■沿線に「住みたいまち」や大学も

渋谷〜吉祥寺間は最速急行で16分、各停24分で、3000系から引き継がれたレインボーカラーの7色の1000系によって運転されています。全線が武蔵野台地の上を走り、主要な道路とは敷設時から立体交差になっています。駅間の距離が非常に短く、隣の駅がホームの端から見える駅もかなりあります。沿線は都内でも有数の高級住宅地として知られるエリアが点在していて、吉祥寺、下北沢は「住みたいまち」のトップクラスにランクされています。東京大学駒場キャンパス、明治大学和泉キャンパスなど大学も数多くあり、休日は井の頭公園を訪れる人たちで、駅もにぎわいます。急行停車駅は下北沢、明大前、永福町、久我山。永福町で各駅停車と接続するダイヤが組まれています。

井の頭線の駅は、ほとんど開業時と同じ位置にありますが、駒場東大前だけは1965（昭和40）年に、渋谷寄りの東大前と、吉祥寺寄りの駒場の両駅を統合して、中間に設けられたものです。また、新代田は代田二丁目、明大前は西松原からそれぞれ改称しています。

マメ蔵

帝都電鉄……1928年に東京山手急行電鉄として設立され、30年に東京郊外鉄道と改称、31年に渋谷急行電気鉄道と合併した後、33年に帝都電鉄と再度改称しています。渋谷〜吉祥寺間は渋谷急行が計画していた路線でした。

文化的な施設が点在する
レインボーカラーの井の頭線の沿線

井の頭線の沿線には「住みたいまち」や大学が点在する

東京大学駒場キャンパスの正門

井の頭公園は都民の憩いの場

各駅停車から特急まで6種類！多彩な列車種別を探る

京王電鉄には「特急」「準特急」「急行」「快速」「通勤快速」「各駅停車」の6種類の列車種別があり、かつては「準急」「通勤急行」もありました。

■「特急」「準特急」のフリークエントサービスを実施

「特急」「準特急」は、新宿〜京王八王子・高尾山口間で、終日10分間隔で運行されています。「特急」の停車駅は明大前、調布、府中、聖蹟桜ヶ丘、高幡不動、めじろ台、高尾となります。「準特急」の停車駅は、「特急」停車駅に分倍河原、北野が加わります（2012年8月19日のダイヤ改定で特急の運転はなくなりました）。

「急行」は、土休日の競馬場線、動物園線直通急行を含めると、全線で運行されています。京王線内では「特急・準特急」停車駅のほか、笹塚、桜上水、千歳烏山、つつじヶ丘、東府中です。都営新宿線直通の「急行」は、初台、幡ヶ谷にも停まります。相模原線では京王稲田堤、京王永山、京王多摩センター、南大沢となります。大みそかの終夜運転では、高尾山口行きの臨時急行「迎光号」が毎年運行されています。渋谷〜吉祥寺間の井の頭線は「急行」「**各駅停車**」の運行で、「急行」停車駅は下北沢、明大前、永福町、久我山です。

調布駅付近地下線への切り替え完了後のダイヤ改定で消滅した特急だが、2012年度中に行われる予定の抜本的なダイヤ改定で、復活はあるのだろうか

■朝のラッシュ時と深夜だけの「通勤快速」

「快速」は京王線、相模原線で運行されています。新宿～東府中間は「急行」の停車駅に下高井戸、八幡山、仙川が加わり、東府中～京王八王子間と相模原線内は各駅に停車します。

「通勤快速」は平日朝のラッシュ時の京王線、相模原線と、深夜の下りで新宿～京王八王子・橋本間に運行されています。新宿～東府中間の停車駅は「急行」と同じで、東府中～京王八王子間は各駅に停まります。また、相模原線の「通勤快速」も「快速」と同様、調布～橋本間は各駅に停まります。

マメ蔵

各駅停車……終着駅までの各駅に停車する列車で、京急や名鉄などは「普通」と旅客に案内しています。首都圏のJRでは原則的に、通勤型の電車が走る路線では「各駅停車」、近郊型の電車が走る路線では「普通」と呼んで区別しています。

京王線の列車種別

準特急は京王八王子行きと高尾山口行きを交互に10分間隔で運転

急行は井の頭線も含め全線で運転している

相模原線内と東府中以西は各駅に停車する快速

通勤快速は平日の朝と深夜の下りで運転

全区間で運転される各駅停車

10分間隔の運転が大好評 京王電鉄のみの「準特急」

「準特急」は京王電鉄独特の列車種別名で、2001年に登場しました。新宿～京王八王子・高尾山口間で運行されています。

■ 平日の昼間は10分間隔で運行

「**準特急**」は2001（平成13）年の登場時、おもに高尾線への速達列車として新宿～高尾山口間に運行され、平日昼間は20分間隔で運行されていました。2011（平成23）年3月11日に発生した東日本大震災の影響で、7月以降、平日の昼間は新宿～京王八王子間、新宿～高尾山口間の「準特急」が10分間隔で交互に運行されるスタイルで定着しています。平日の夕方以降は、新宿～京王八王子間のみ、10分間隔の運行に変わります。

土休日の「準特急」は、早朝と深夜以外の時間帯で、新宿～京王八王子・北野間として10分間隔で交互に運行されていますが、北野行きは高尾線内を各駅停車として、高尾山口まで直通しています。一部車両では直通列車であることを乗客に示すために、側面の行先表示器は「準特　北野」に加え「北野から各停高尾山口行」の文字が交互に示されます。

「準特急」は京王電鉄だけにしかない列車種別。7000系から9000系まで、すべての形式が運用に入る

■現在は京王電鉄のみが使用

2011（平成23）年夏の「節電ダイヤ」の平日昼間や、年末年始の週末期間中には、新宿～高幡不動間に臨時の「準特急」も運行されました。高幡不動～京王八王子間は高尾線同様、各駅停車として直通していました。

「準特急」は、新宿～京王八王子・高尾山口間の、すべての電車が10両編成で運行されています。

かつては小田急電鉄や近畿日本鉄道にも「準特急」の列車種別がありましたが、現在は京王電鉄だけが「準特急」の名称を使っています。

マメ蔵

準特急……特急と急行との「間」に位置する列車種別は、「快速急行」と呼ばれることが多く、首都圏の大手私鉄では西武、東武、小田急が「快速急行」を採用しています。ちなみに「快速急行」を最初に用いたのは、1958年の南海電鉄とされています。

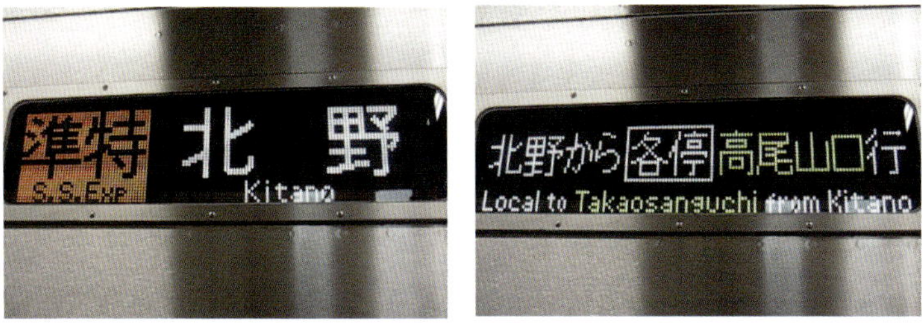

土休日の高尾山行の準特急は、側面の行先表示器に「準特北野」と「北野から各停高尾山口行」を交互に表示する（一部車両）

準特急の停車駅

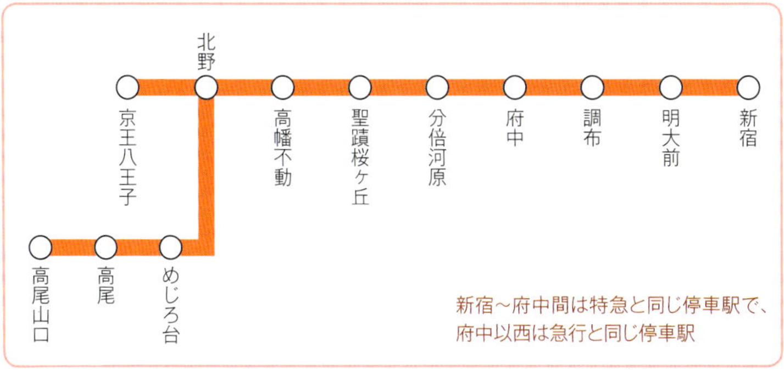

乗客のニーズに細かく対応した「早朝準特」で利便性がアップ

オフピーク通勤を進めるため、2011年3月から「早朝準特」が京王八王子～新宿間に3本、運行されています。7月から高尾山口～新宿間にも1本、増発されました。

■京王八王子・高尾山口～新宿間に計4本

京王電鉄は2011（平成23）年3月11日のダイヤ改定で、「早朝準特」の愛称で、京王八王子を午前6時12・22・32分にそれぞれ発車する「準特急」を新設しました。朝ラッシュ時間帯における混雑緩和と**オフピーク通勤**で早めに出勤する通勤客の利便性を考えて導入されたもので、京王八王子～新宿間の所要時間は43～45分。それまでの同じ時間帯の電車に比べて、およそ10分、新宿到着が早くなりました。初日の列車には運転開始記念のヘッドマークが付けられていました。

運行初日の午後に発生した東日本大震災の影響で、「早朝準特」は一時運休を余儀なくされたものの、まもなく復活。出勤時刻の前倒しを行った企業も増えたため、「早朝準特」は定着し、7月1日からは高尾線にも、高尾山口午前5時47分（現在は2012年8月のダイヤ改定で5時49分）発、新宿6時45分着の「早朝準特」（高尾線内は各駅に停車）が1本、増発されています。

■相模原線などからの乗り継ぎも便利

「早朝準特」はいずれも調布で、相模原線の橋本始発の「通勤快速」と接続を取っていて、乗り換えると、そのまま乗車するより6分ほど新宿到着が早くなる設定になっています。また、北野～調布間の「準特急」通過駅からも乗り換えが可能なダイヤとなっています。

「早朝準特」は京王八王子・高尾山口発とも優等列車のため、いうまでもなく全列車が10両編成で運行されています。

京王電鉄では、2012年8月18日のダイヤ改定で特急は消滅し、準特急が実質的な最優等列車になりましたが、年度内に行われる予定の抜本的なダイヤ改定で、特急が復活するのか気になるところです。

マメ蔵

オフピーク通勤……日本では朝9時から業務を開始する会社が多く、7～9時の時刻帯に鉄道利用者が集中します。ピーク時の混雑を緩和するために、この時間帯を避けて通勤することをいいます。

同じ時間帯の電車に比べて、新宿までの所要時間をおよそ10分短縮

「早朝準特」運転開始を告げるポスター

高尾山口発の増発を知らせるポスター

京王線と高尾線の早朝準特（2011年のデビュー当時）

始発駅	発車時刻	終着駅	到着時刻	所要時間
高尾山口	5:47	新宿	6:45	58分
京王八王子	6:12	新宿	6:55	43分
京王八王子	6:22	新宿	7:05	43分
京王八王子	6:32	新宿	7:17	45分

※高尾山口発の列車は、高尾線内各駅に停車

高度成長時代の申し子「通勤急行」ってどんな列車？

1959年、京王線に「通勤急行」という列車種別が誕生。高度成長期の「モーレツ」といわれたラッシュ時の混雑に対応するための列車でした。

■通勤客を「より早く都心へ」

京王帝都電鉄は1959（昭和34）年12月のダイヤ改定で、それまでの「特急（不定期）」「急行」「準急」「各駅停車」に加え、朝夕ラッシュ時に「通勤急行」の列車種別を設定しました。通勤急行の停車駅は東八王子（当時）～東府中間の各駅と、調布、**つつじヶ丘**、千歳烏山、桜上水、明大前、笹塚、新宿でした。京王多摩川始発の列車も設定され、調布以東の停車駅は東八王子始発の列車と同じでした。1963（昭和38）年4月には、笹塚が通過になっています。

現在、京王電鉄で「通勤」を冠する列車種別は「通勤快速」のみ

■停車駅を少なくして速達性を重視

「通勤急行」は、遠距離通勤者や大団地最寄りの通勤客を、より早く都心のオフィスへ運ぶのに便利な列車として設定されました。通勤客にしてみれば、都心までの間に、途中停車駅が少ないに越したことはありません。1963（昭和38）年の改定で、笹塚が通過とされたのは、「通勤急行」のコンセプトをより明確にしたものでした。

1964（昭和39）年10月のダイヤ改定で、「通勤急行」は京王八王子～分倍河原間の停車駅を北野、高幡不動、聖蹟桜ヶ丘のみとし、東府中まで各駅停車の列車を「通勤快速」と改称しました。1971（昭和46）年には高尾山口発の「通勤急行」が設定され、1986（昭和61）年に京王八王子発の列車が廃止。京王新線が開通して「通勤急行」が「通勤快速」とともに笹塚に停車するようになってからは、「急行」と「通勤急行」の違いは、つつじヶ丘に停車するかしないかだけになりました。1992（平成4）年には「急行」のつつじヶ丘停車により統合され、「通勤急行」の列車種別名そのものが廃止されています。

マメ蔵 **つつじヶ丘**……かつては「金子」という駅名でしたが、1957年の「つつじヶ丘団地」の分譲開始にあわせて改称されました。このとき改良工事も行われ、急行と各駅停車の乗り換え・折り返し機能が、千歳烏山から移されています。

デビュー当時の通勤急行の停車駅（1959年12月）

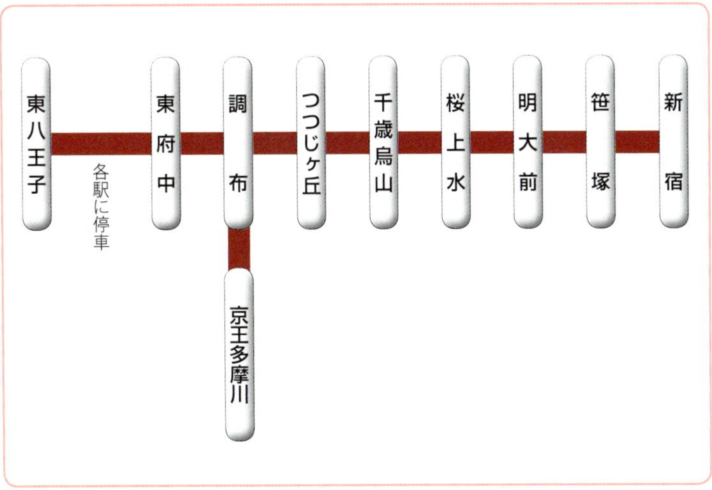

大手私鉄では唯一の1372mmゲージを採用

開業当時は路面電車として営業した京王電鉄は、1372mmのゲージ（軌間）を採用。都営地下鉄と直通時、1435mmへの改軌案も出ましたが、実現しませんでした。

■東京市電のゲージにあわせて建設

京王電鉄のゲージ（軌間）は井の頭線を除いて、**1372mm**（4フィート6インチ）で造られています。これは前身の京王電気軌道が、都心部に路面電車を走らせていた東京市街鉄道（のちの東京市電～都電）と、新宿追分で連絡することを計画していたためです。京王電軌が建設した新宿追分～府中間は、1372mmで建設されました。

府中～東八王子間については、京王電軌は玉南電気鉄道という会社を別に設立して、「地方鉄道法」に基づく1067mm（3フィート6インチ）ゲージによる建設を決めました。京王電軌は、おもに路面の併設軌道を運行する「軌道法」によっていましたが、東八王子への延伸を計画していた大正期、「地方鉄道法」の適用を受ける会社には、政府から5年間の補助金が受けられることになっていたからです。ただし、実際には「玉南電鉄線は京王電軌の延長線とみなす」との政府側の判断で、補助金は交付されませんでした。玉南電鉄は京王電軌に合併されて1372mmゲージへの改軌工事が始められ、1927（昭和2）年6月に完成。1928（昭和3）年5月から新宿～東八王子の直通運転が開始されています。

京王線のゲージは都電と同じ1372mm。乗入れは実現しなかった

■ 都営直通時、標準軌への改軌要請も

都営地下鉄10号線（現・新宿線）との相互直通乗入れが決まった昭和40年代、都は京王側に1435mm（4フィート8.5インチ＝標準軌）への改軌を要請しました。しかし、輸送人員が急増した高度成長期に改軌工事を行うのは不可能なことでした。京王側は安全性・輸送力に差異がないことを示し、「利用者のために一刻も早い直通運転の開始が必要」として、都側の同意を得ました。10号線は1372mmで建設され、いまに至っています。

マメ蔵

1372mmゲージ……4フィート6インチにあたり、国内では現在、ほかに東急世田谷線、都電荒川線、函館市電で使われています。かつては京成、京急も採用していましたが、1435mmに改軌されました。

東急世田谷線のゲージも1372mm。下高井戸駅は隣接しているが、残念ながら線路はつながっていない

京王電鉄のゲージ（軌間）

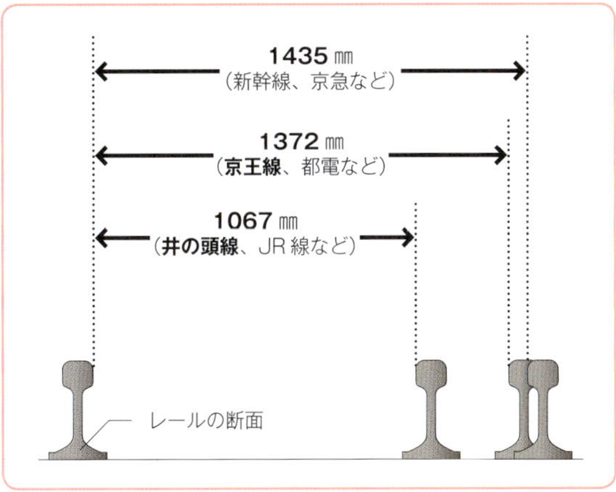

連続立体化工事の完成で調布駅周辺が変わる

京王線の柴崎～西調布、相模原線の調布～京王多摩川間を地下化し、国領・布田・調布を地下駅とする工事が、2014年度の完成予定で進められています。

■ 京王線・相模原線の平面交差を解消

京王線の柴崎～西調布間約2.8kmと、相模原線の調布～京王多摩川間約0.9kmを地下化する「調布駅付近**連続立体交差事業**」は、東京都が事業主体となって2003（平成15）年度に着手され、2014年度の完成を目指して工事が進められています。線路を鶴川街道、狛江通りなどと立体交差にすることで、18カ所の踏切を廃止しようというもので、道路整備の一環として施行する都市計画事業です。また、調布駅西側では、京王線と相模原線とが平面交差していたため、相模原線上り線の調布駅への進入待ちと、京王線下り線の調布駅からの出発待ちの要因となっていましたが、2012（平成24）年の地下線への切り替え完了後、平面交差は解消されています。

連続立体化工事中の国領駅

■ホームドアが設置される地下駅

調布駅は地下1～3階の3層構造で、地下1階に駅事務室や改札口、地下2階、地下3階にそれぞれ下り線用、上り線用の島式1面2線のホームを設けています。いままでの地平ホーム同様に、八王子・橋本方面それぞれの電車間の同一ホーム上での乗り換えの利便性は、確保されることになっています。調布地下駅の最も深い部分は、地表から24～25.5mのところです。

国領・布田の両駅も地下化されました。国領駅は9～12mの深度に掘削方式で、布田駅は12.5～15mのところに上下2本の単線シールドトンネル方式で、それぞれ建設されています。いずれも上下線の間にホームが設けられる形式です。安全性向上のためホームドアも設置されました。

マメ蔵

連続立体交差事業①……市街地の「開かずの踏切」解消のため、都道府県や政令指定都市などが事業主体となって行われる都市計画事業で、鉄道と道路との交差部分を連続的に立体交差化します。

調布駅付近連続立体交差化工事

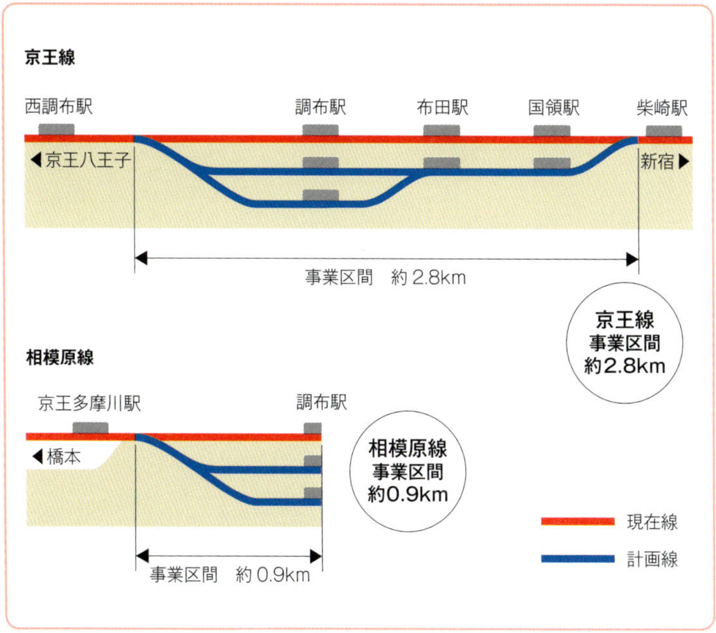

3章 京王電鉄の駅

京王電鉄には、全部で69（新線新宿と新宿は同一駅とみなす）の駅があります。
現在は下北沢駅を除く68駅が
バリアフリーを施した人に優しい駅です。
ここでは京王電鉄の代表的な駅をご案内します。

KEIO
井の頭公園駅
大黒屋
買取
下高井戸駅前市場店舗ご案内
皇庭おかずやさん
漢方相談 桃仁堂
サクライ
不動産
洋装雑貨 カミヤマ
すし 旭鮨総本店
大黒屋
呉服洋品 富永商店
花 堀内生花店
お茶とのり つるや
長谷川商店
いづみや
鈴木商店
新鮮な野菜果物 長島青果
高井戸支店
SALE

新宿駅ヒストリー❶
軌道線の地上駅として開業

東京新都心の玄関口となる新宿駅を発着する京王線。年間輸送人員が6億1900万人（2011年度）という東京西南部エリアの大動脈として機能しています。ところが、開業当時はいまとは全く異なる様相だったようです。

■ 新宿東口の追分にあった起点

京王電鉄は1910（明治43）年9月21日、新宿～八王子間、府中～国分寺間、立川～省線立川停車場間の特許（免許）を得て、京王電気軌道株式会社として設立されました。

最初の開通区間は1913（大正2）年4月15日の笹塚～調布間12.2km。2年後の1915（大正4）年5月30日に、青梅街道と甲州街道との分岐点にあたる**新宿追分**まで3.9kmの延長工事が完成したのです。そのころの乗降場は、いまの伊勢丹新宿店と新宿3丁目交差点をはさんだ筋向い、東京市電の停留所と隣接したところに設けられました。1927（昭和2）年

新宿追分　構内配線の移り変わり

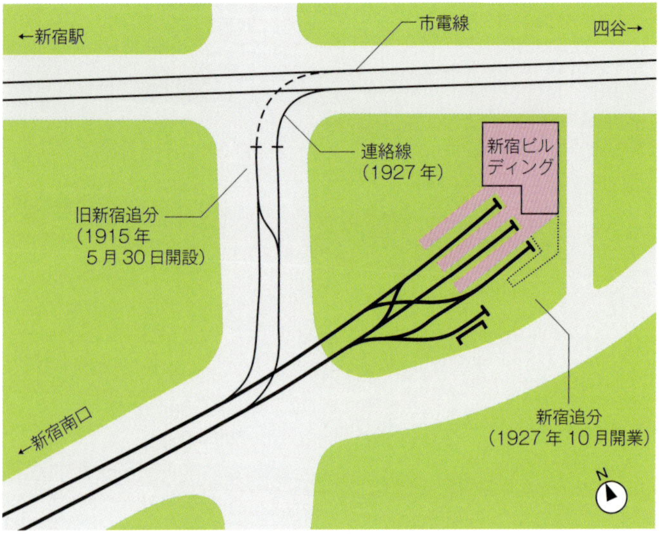

には、やや東側に完成した新宿ビルディングの１階に乗降場を移転しています。建築当初は２階から５階までは松屋デパートが入っていましたが、1936（昭和11）年、京王電気軌道の本社が移り、1988（昭和63）年まで、京王帝都電鉄（当時）の本社ビルとして使われました。

■戦災の影響で西口に移転

太平洋戦争末期の1945（昭和20）年５月、京王線沿線は米軍機の空襲に見舞われ、天神橋変電所が大きな被害を受けてしまいます。電車は電力不足のため、跨線《こせん》橋の急勾配を上り下りすることができなくなり、省線西側の甲州街道上にあった新町駅で折り返し運転を行うことになったのです。７月には省線との乗り換えの便を図るため、新宿駅西口に路線を延ばして、起点を移転することになりました。

戦後しばらくの間、京王線は14m級という小型電車の２両編成で運転されていましたが、これを16～17m級３両編成に増強するため、西口に移転した新宿駅もホームの延長・増設工事が行われました。そして、ついに1951（昭和26）年４月１日16m車の2600系３両編成による、新宿～千歳烏山間で運行を開始しました。

マメ蔵

新宿追分……当時のターミナルビルには、1929年から新宿松屋デパートがテナントとして入っていました。しかし、33年に起きた火災や不景気などの影響で撤退し、京王本社として長く使われた後、88年に取り壊され、現在、京王新宿三丁目ビルが建っています。

現在、旧本社の跡地には、京王新宿三丁目ビルが立つ

新宿駅ヒストリー❷

地下化で輸送力を増強

日本が高度成長期を迎えた昭和 30 年代、京王線も新宿～初台間の併用軌道の地下化など、輸送力増強に取り組みます。新宿駅の地下化・大規模改良工事は 1961 年に開始されました。

■新宿～初台間、新宿駅の地下化が完成

京王線は1953（昭和28）年、新宿～新町間の甲州街道上に残されていた併用軌道部分320mを専用軌道化したものの、新宿駅南側に踏切が残り、運行上の大きなネックになっていました。京王帝都電鉄は1956（昭和31）年に新宿～初台間の地下化を申請、1959（昭和34）年に着工します。これにあわせて、1日の利用客数が24万人に達していた新宿駅の施設を地下1・2階部分に移し、地上8階建ての駅ビルを新築することも決定。この大改良工事は1961（昭和36）年5月に着工されました。

新宿地下駅の工事は、電車が発着する4本のホームと駅舎などからなる地上駅部分を地下でささえながら進められ、1963（昭和38）年3月に完成。4月1日から、一部を17m級5両編成に増強された電車が発着を始めました。

現在の京王線新宿駅

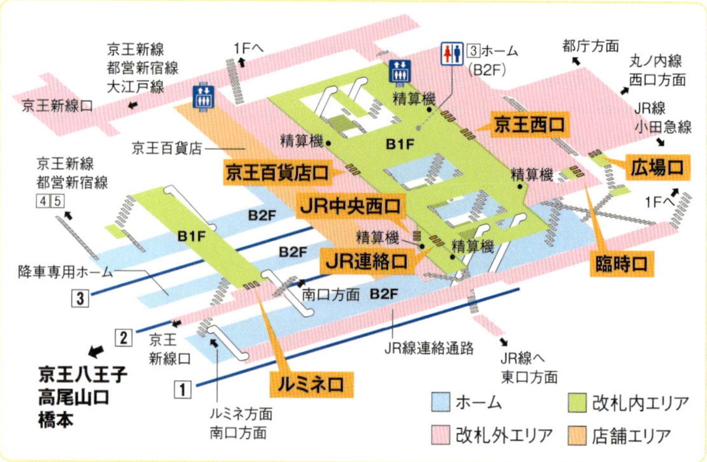

現在の京王線新宿駅のホームは頭端式で、20m 級 10 両編成の電車が 3 本発着できる

新宿駅地下化の翌年にオープンした京王百貨店

新宿の摩天楼のひとつ京王プラザホテル

■駅ビルには「京王百貨店」もオープン

並行して進められていた地上の駅ビル工事も順調に進み、1964（昭和39）年4月、まず地下の食料品売り場が先行開業。10月には地上8階・塔屋3階、延べ建築面積8万㎡に及ぶ大ターミナル「京王ビル」が完成しました。総工費は90億円、11月1日にはビルのキーテナントとして「京王百貨店」が全面オープンしました。初日だけで45万人の買物客が訪れ、7000万円という当時の物価から考えると驚異的な売り上げがあったといいます。

1971（昭和46）年には、京王百貨店に近い淀橋浄水場跡地に、高さ178m、地上47階・地下3階建て、客室数1057室という日本初の超高層ホテル「**京王プラザホテル**」本館もオープンし、京王グループは新宿西口開発の中核企業として、さらに発展することになりました。

マメ蔵

京王プラザホテル……淀橋浄水場の跡地に建つ日本初の超高層ホテル。1971年に本館が開業し、1980年には南館が開業。高さは本館が178m、南館が138mで、現在は客室総数1436室の巨大ホテルです。

新宿駅ヒストリー❸

新線開業と地下鉄乗入れ

1978年10月、新宿～笹塚間の複々線化が、別線の「京王新線」として完成。南口地下に新線新宿駅が開業しました。1980年3月から、都営10号（新宿）線への相互乗入れも開始されました。

■南口地下30mに「新線新宿駅」が開業

新型車両の投入や長編成化が進められた昭和30年代の京王線でしたが、乗客数の伸びは著しく、京王帝都電鉄は1966（昭和41）年11月、新宿～笹塚間の複々線化を申請します。都営地下鉄が計画していた10号線との相互乗入れのため、新たに増設される複線用の新宿駅ホームは、甲州街道の地下・南口に「新線新宿駅」として建設されることになりました。

笹塚～新線新宿間の開業は、1978（昭和53）年10月31日。新線新宿駅のホームは、地下30mという深い位置に設けられています。京王線新宿駅からは地下道「京王モール」を経て改札に至り、そこから2面1線のホームに向かう、長いエスカレーターが設けられました。また、京王線新宿駅3番ホームからも改札内の連絡通路を通って新線新宿駅にいくことができます。都営10号線の新宿～岩本町間の開業は1980（昭和55）年3月16日で、それまでの間は新線新宿～笹塚間に、折り返しの電車が運行されていました。

■新宿駅も全ホーム10両編成用に改良

一方、1963（昭和38）年に完成した新宿地下駅は、当初18m級6両編成用4線（ホーム5面）でしたが、一部を1968（昭和43）年に7両化、1975（昭和50）年には3線に減らして1線を20m級8両化に対応させました。それでも輸送力はひっ迫し、1979（昭和54）年4月、新宿駅の3線すべてを20m級10両編成化に対応する改良工事に着工したのです。ホームの近くにあった**分岐器**を、勾配を変更して300m京王八王子寄りに移設。線路を敷き直したうえで、1、2、3番線ともに10両編成に対応できるように延長したのです。完成は1982（昭和57）年10月、翌11月から、いまに至る20m級10両編成電車の運行が開始されたのです。

マメ蔵

分岐器……鉄道では、線路を分岐させ、車両の進路を選択する機構のことで、通称「ポイント」と呼ばれています。京王線では、騒音や振動の発生源であるレールの継目が少ない「弾性分岐器」を一部に採用しています。

現在の新線新宿駅構内図

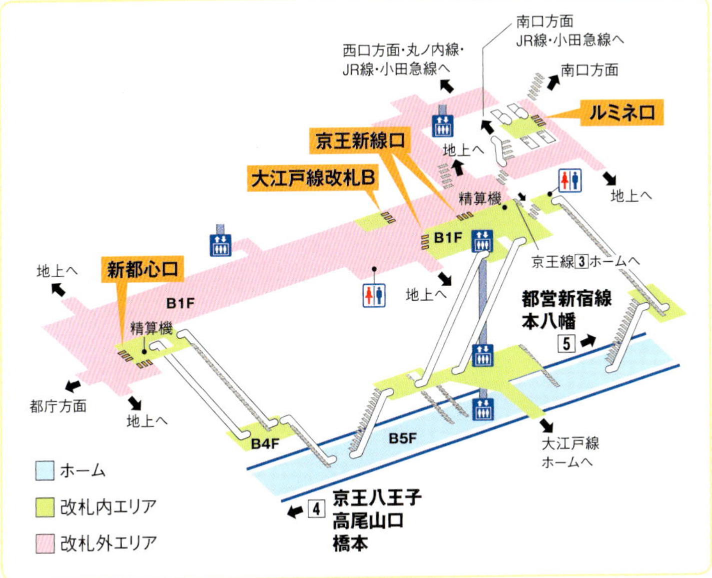

京王新宿駅　線路配置の変遷

1963年4月〜
4線とも18m級車6両に対応。1968年からは7両に対応

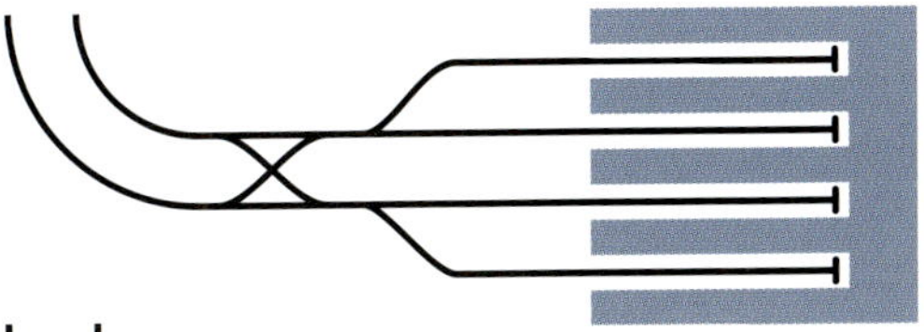

1975年10月〜
4線を3線に減らし、1線を20m級車8両に対応

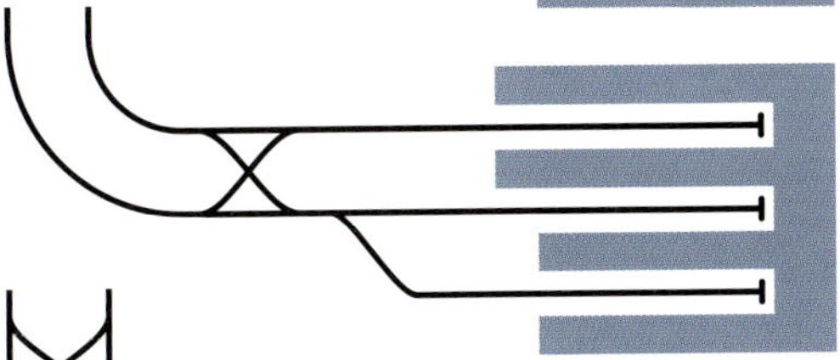

1982年10月〜現在
3線すべてのホームが10両に対応。分岐器を300m京王八王子寄りに移設

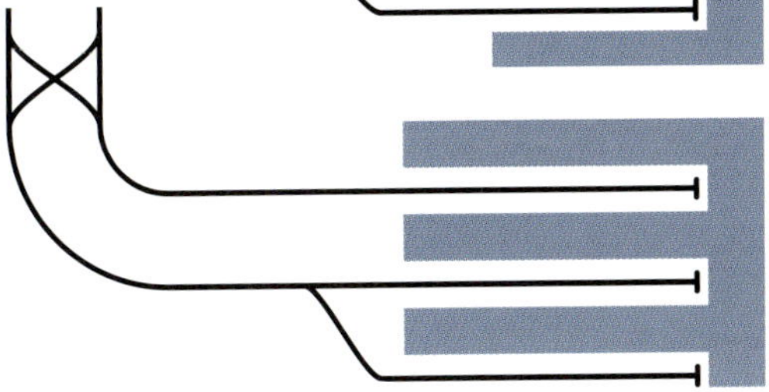

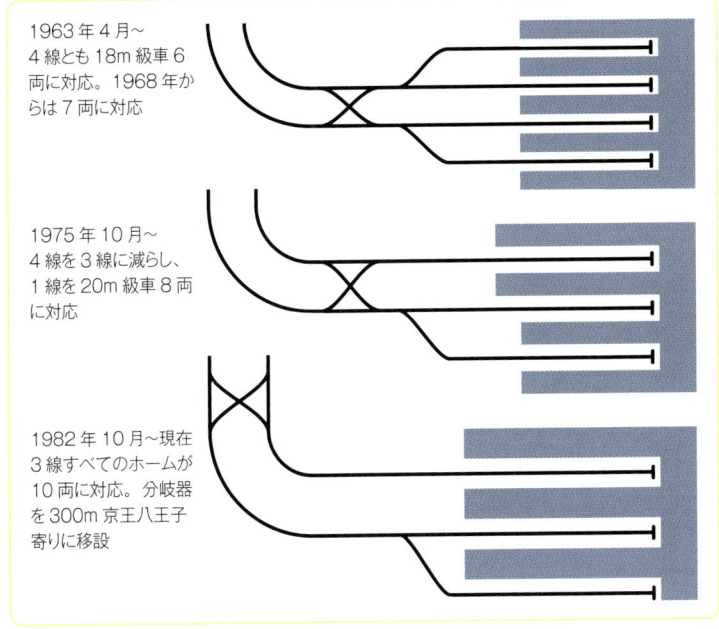

新宿駅ヒストリー❹
構内に魅力的なショップ群を展開

駅ビルのキーテナント・京王百貨店新宿店は、全国的な一大イベントとなった「駅弁大会」が開かれるなど、人気のスポットです。地下街の京王モールにも、魅力的なお店が並んでいます。

■「駅弁大会」が大人気の京王百貨店新宿店

1964（昭和39）年にオープンした京王百貨店新宿店は、地下の食料品から地上1～9階に広がる婦人・紳士・子供服、雑貨、レストランフロアに至るまで、沿線住民のニーズに応えた幅広い品ぞろえを誇っています。日本一の売り上げを誇るウォーキングシューズコーナーなど、中高年を中心とした大人世代に支持される百貨店です。

京王百貨店新宿店の名を全国に広めたのが、2012（平成24）年に第47回を迎えた「元祖有名駅弁と全国うまいもの大会」です。毎年1月に開かれる通称「駅弁大会」には、全国各地から200種類以上の駅弁が集結。13日間の開催期間中、40万個以上が売れるという、百貨店物産展として最大級の人気を誇るまでに定着しました。ただ駅弁を並べるだけでなく、京王百貨店のスタッフが駅弁会社とともに、「対決」などのさまざまな「特集」を企画し、会場を盛り上げてきたことが、長く続く人気の要因です。

豊富な品ぞろえを誇る京王百貨店新宿店

■便利な「京王モール&アネックス」

京王線新宿駅と新線新宿駅とを結ぶ地下街「**京王モール**」も、人気のプロムナードです。通路の左右には2012（平成24）年5月現在、23軒の店舗が並んでいます。うなぎ、そば、すし、ラーメンといった食の店から、ジュエリー、和服の老舗に加え、通勤・通学の途中で立ち寄るのに便利なコンビニエンスストアも。また、宝くじ売り場の「京王モールサービスセンター」には、いつも多くの人が集まっています。都営地下鉄大江戸線改札前から都庁方面へ向かう途中の「京王モールアネックス」にも、書店やドラッグストア、合鍵と靴修理の店など、便利な13店舗が並んでいます。

マメ蔵

京王モール……1976年に開業した地下商店街で、北側は「小田急エース」、南側は2010年まで「フレンテ新宿」と呼ばれていた「京王モールアネックス」とつながり、乗換客などで昼夜を問わずにぎわっています。

飲食店や和服の老舗、コンビニエンスストアなどが軒を連ねる京王モール

京王モールアネックスでは、書店や生活必需品などの店舗が並んでいる

京王新線の開業で地下化された初台・幡ヶ谷駅

初台・幡ヶ谷は、京王新線のみに設けられた駅で、いずれもホームは地下にあります。京王線の地下区間には旧・初台駅のホーム跡が残り、車窓から確認することもできます。

■初台・幡ヶ谷とも新宿発着の電車は停まらない

初台・幡ヶ谷は1978（昭和53）年10月の新宿～笹塚間複々線化（京王新線開通）によって、新線区間の地下に移転された駅で、京王線新宿駅発着の電車は停まりません。

初台駅は1914（大正3）年6月11日、甲州街道上に京王電気軌道の「改正橋」として開業、1919（大正8）年に初台と改称しました。その後、甲州街道との併用区間を解消するため、新宿～初台間が地下化された1964（昭和39）年6月7日、初台駅は新たに地下駅として移設されています。この時点での初台地下駅は、18m級6両編成分の長さの島式ホーム1面2線で、普通電車のみが停車する駅でした。現在もホームそのものは新宿～笹塚間の電車から見ることができます。

京王新線に移設され地下駅になった幡ヶ谷

初台は新国立劇場と東京オペラシティに直結

■いまは20m級10両に対応

幡ヶ谷駅の開業は、初台よりわずかに早い1913（大正2）年10月11日です。これは、笹塚～新宿間の開業が、笹塚側から小刻みになされたためです（188ページの図参照）。1915（大正4）年のこの区間の全通時には、初台、幡ヶ谷のほかに、新宿側から停車場前、葵橋、新町、天神橋、代々木、代々幡の各駅が設けられていました。

いまの初台駅は地下2階が上り線、地下3階が下り線の2層構造のホームになっています。1999（平成11）年完成の**東京オペラシティ**と直結しています。

地上駅時代の旧・幡ヶ谷駅は、相対式ホーム2面2線で、形のうえではいまの駅と同じでした。ただし、初台・幡ヶ谷とも、いまのホームは20m級10両編成に対応しています。

京王新線の開業前と開業後

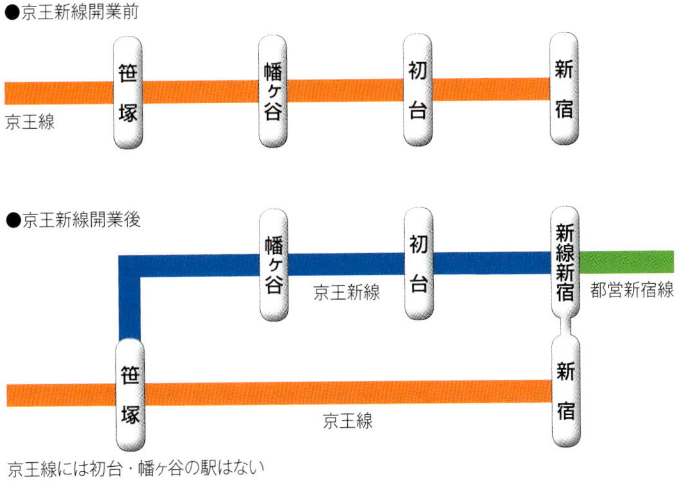

※1978年10月31日～1980年3月1日の間、京王新線は新線新宿～笹塚間で折り返し運転をしていた

マメ蔵

東京オペラシティ……京王バスの車庫などがあった敷地に建設された複合文化施設。新国立劇場のほか、コンサートホールやアートギャラリーに向かう観覧客が、地下通路で結ばれた初台駅を利用しています。

駅ナカ施設開業で一変した明大前駅の構内

京王線と井の頭線との接続駅・明大前は、2007年に駅ビル「フレンテ明大前」が完成したことで、構内のイメージが一変、明るい雰囲気の中でゆっくりとショッピングが楽しめるようになりました。

■「火薬庫前」から駅名は2度改称

明大前は1913（大正2）年4月15日、「火薬庫前」として開業、1917（大正6）年に「松原」に、1935（昭和10）年2月8日にいまの駅名へと、改称されています。最初の駅名は近くに帝国陸軍の火薬庫があったためで、その閉鎖に伴い地名変更され、跡地に明治大学予科（いまの大学教養課程にあたる教育機関）が移転してきたことで、再度改称されました。いまも明治大学和泉校舎のほか、日本大学鶴ヶ丘高校、二階堂高校など周辺には学校が多く、朝夕は通学客でにぎわっています。

京王線・井の頭線が接続しているため、両線の電車は特急・急行など、すべての種別が停車します。

現在の明大前駅構内図

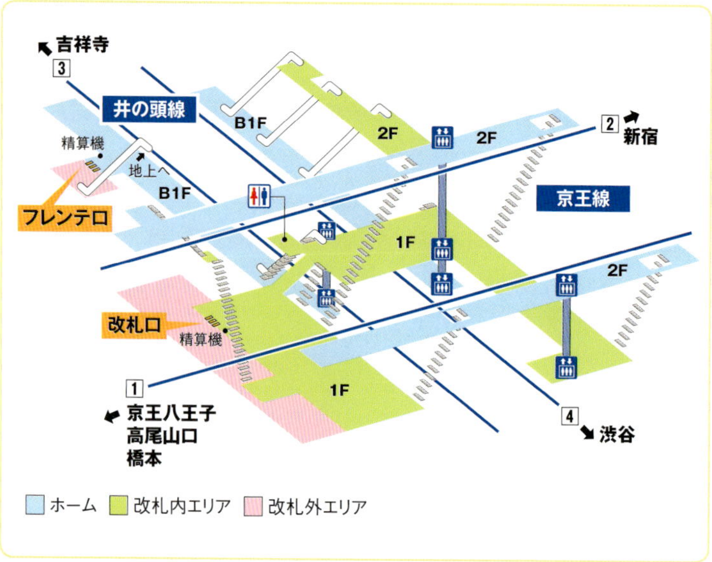

井の頭線の下りホームにオープンした「フレンテ明大前」

■駅直結の商業施設「フレンテ明大前」がオープン

かつては、高架の京王線と地平の井の頭線ホームとの間をつなぐ通路の途中に、立ち食いそば店とファストフード店、売店など、いくつかの小規模な店舗があるだけでしたが、2007（平成19）年に、井の頭線下りホーム（3番線）に面した駅西側に、京王グループの商業施設「フレンテ明大前」が開業し、駅構内の雰囲気は一変しました。「フレンテ」は英語の「フロント」にあたる「前」「第一線」といった意味のスペイン語です。地上5階・地下1階建ての「フレンテ明大前」は、地下1階（井の頭線下りホーム）が飲食店、和菓子店、フラワーショップで、ホームからのみ出入りできます。以前はコンクリートの壁と土手の斜面だったので、雰囲気がとても明るくなりました。地上1階は衣料や雑貨のお店、2階は書店と飲食店、3階以上にはフィットネスクラブがテナントとして入っています。

3番線ホームに直結して「フレンテロ」がありますが、ここは出口専用になっています。

マメ蔵

明大前駅……帝都電鉄の前身·東京山手急行電鉄は「第二山手線」計画を立てていて、当時の松原が接続駅となる予定でした。そのため、北側の水道橋の下部は複々線が通れる形で建設され、ホームからもその様子が見て取れます。

かつては車両基地と車両工場があった桜上水駅

桜上水駅の北側には、かつて検車区と車両工場があり、車両留置線が何本もあるのは、その名残です。駅名は近くにあった玉川上水の桜並木に由来します。

■ 工場関連施設は若葉台に移転

桜上水は1926（大正15）年4月25日、「北沢車庫前」として開業、1933（昭和8）年8月11日に「京王車庫前」、1937（昭和12）年5月1日に「桜上水」と、改称されています。

開業時の駅名からも分かるように、桜上水駅構内には電車の基地と、定期検査を行う車両工場が設けられていましたが、昭和40年代後半には京王線全体の車両数が440両にもなり、処理能力が限界に近づいていました。周辺の宅地化が進んだこともあって施設の拡充が不可能なため、相模原線の若葉台に工場を移設することになりました。若葉台工場の着工は1981（昭和56）年、1983（昭和58）年に完成し、桜上水検車区・電車区・車掌区は1984（昭和59）年10月に移転・廃止されました。それでも一部の留置線は残され、若葉台検車区桜上水派出所として、いまも機能しています。

特急用のアイボリーの電車が集う旧桜上水検車区

現在、検車区の跡地は留置線になっている

■橋上駅舎化で南北移動が便利に

桜上水は島式２面４線のホームで、特急・準特急は通過しますが、急行以下は全種別が停車。桜上水駅を始発・終着とする各駅停車の設定もあります。

2008（平成20）年には橋上駅舎化されました。それまでは南口・北口それぞれに改札口があり、ホームとの間は地下道で結ばれていました。現在、地下道は閉鎖され、当時の南口駅舎は取り壊されています。同時に南北の自由通路が整備され、エレベーターやエスカレーターなどを設置し、バリアフリー化が図られました。

駅の南側には日本大学文理学部のキャンパスと日本大学櫻丘高校、都立松原高校があります。

マメ蔵

桜上水工場……いまは敷地のほとんどが住宅展示場になっていますが、かつての構内は工場・検車区あわせて3万6000㎡の広さでした。何本もの線路を覆う大きな丸屋根は、桜上水のランドマークとなっていました。

立体化で平面交差を解消 大変貌を遂げる調布駅

調布駅付近は2012年8月、連続立体交差化により地下化され、ネックとなっていた京王線と相模原線の平面交差も解消されました。

■ 平面交差解消へ駅周辺を地下化

調布は京王電鉄が京王電気軌道として1913（大正2）年4月に笹塚～調布間を開業させて以来の、京王最古の歴史を誇る駅のひとつです。他社線との接続を持たない駅としては、乗降客が最も多く、1日およそ11万3000人が乗り降りする京王線きっての拠点駅といっていいでしょう。多摩ニュータウンの足・相模原線の分岐も、駅の西側で行われています。

ところが、この分岐は本線と相模原線が平面交差しており、ダイヤ上、一定の影響を及ぼしていたのです。いまでは多摩ニュータウンを貫く22.6kmの複線電化の相模原線ですが、かつては調布～京王多摩川間1駅だけの支線で、平面交差があっても特段影響はありませんでした。ところが、延伸がなされ、列車本数が増えると、相模原線の上り電車が調布に入線しようとする際、京王線の下り線を横切るために時間待ちが多くなったり、さらに上り線の電車にも影響を及ぼしたりしていました。

このダイヤ構成上の影響を解消するため、柴崎～西調布間・調布～京王多摩川間を地下化する「調布駅付近**連続立体交差事業**」とともに、京王線・相模原線の調布における平面交差の解消も、なされることになったのです。

京王線下り線と相模原線上り線の平面交差が解消され、ホームは上下2段式に

■地下3階の駅として上下線を分離

調布駅は、上り線・下り線、それぞれの2層構造とされました。地下1階をコンコースとしたうえで、地下2階を下り線ホームに、地下3階を上り線ホームとすることで、地下で線路同士の「立体交差」を行い、京王線・相模原線の線路が平面でクロスすることなく、電車がスムーズに調布駅のホームに進入できる設計に改められたのです。駅周辺は私有地が迫り、広いスペースを設けることはできません。上下2段の地下ホームは、現在の線路下の狭いスペースをぎりぎりに使って、なおかつ線路同士を上下に交差させるという苦心の設計のたまものです。

調布は、長く親しまれた鉄筋コンクリート製の駅舎と地下道を撤去して、仮設の橋上駅舎が地平の上下線をまたいでいましたが、2012（平成24）年8月19日、地下線への切り替えが完了し、まもなく、大変貌を遂げることになります。

地下化後の調布駅

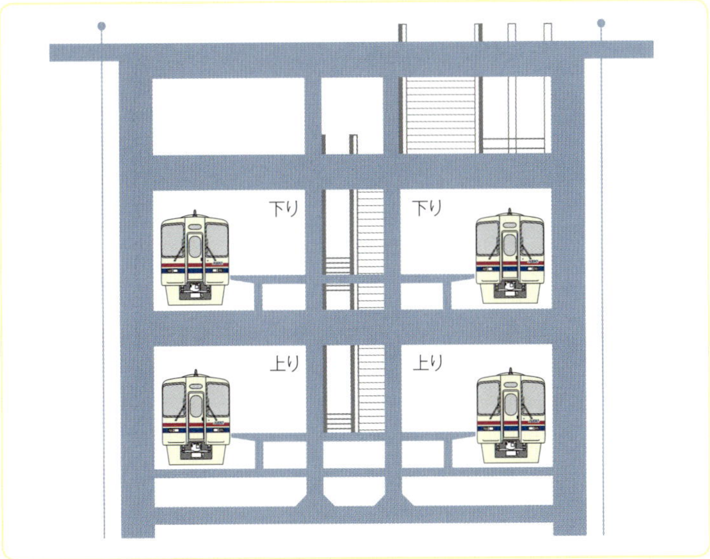

マメ蔵

連続立体交差事業②……笹塚～つつじヶ丘間でも、東京都が事業主体となった連続立体交差事業が計画されています。これにより、25カ所の踏切が解消されます。

Ｊリーグ開催時には臨時電車も発着する飛田給駅

飛田給は、サッカーＪリーグ・FC東京と東京ヴェルディのフランチャイズ・味の素スタジアムの最寄り駅。最大５万人近くの観客が乗り降りします。

■巨大スタジアム開設で大改良

飛田給は1916（大正5）年9月1日の開業。2001（平成13）年に、駅の北側に約5万人収容の「東京スタジアム（現・**味の素スタジアム**）」が完成したことで、大規模な改良工事が行われました。それまで相対式2面2線だったホームを、上り線を島式の2面3線とし、地下道だった連絡通路を廃止して、橋上駅舎化したうえで、ホーム上を覆うほどの広いコンコースを設けました。改札機の数も増やされ、その正面には臨時きっぷ売り場用の設備も設けられました。味の素スタジアム側の北口の階段も幅が広く、甲州街道をまたいでスタジアムに続く歩道橋と、直結しています。

味の素スタジアムは、ＪリーグのFC東京と東京ヴェルディのホームスタジアム

マメ蔵

味の素スタジアム……2013年開催の多摩国体の主会場とすることなどを目的に、2001年に「東京スタジアム」としてオープンした多目的スタジアムです。施設命名権の取得により、2003年に現在の名前になりました。

■ 始発の臨時電車も多数運行

2011（平成23）年のJリーグカップで、FC東京が優勝した折には、京王電鉄からの「優勝おめでとうございます」、クラブからの「ご声援ありがとうございました」の大きな垂れ幕が、臨時きっぷ売り場の上に飾られました。

通常は各駅停車しか停まらない飛田給ですが、味の素スタジアムでの大規模イベント開催時には、特急・準特急・急行・快速列車もすべて臨時停車します。さらに、乗客が最も集中するイベント終了時間にあわせて、始発の臨時電車が多数運行されます。

味の素スタジアムの周辺はもともと太平洋戦争後、米軍に接収されていたエリアで、返還後にさまざまな公共施設や学校などに転用されました。スタジアムの西側には警察大学校や東京外国語大学のキャンパス、榊原記念病院などが開設され、北口からはそれらを経由して、西武鉄道多摩川線の多磨駅行きのバスも、ひんぱんに運行されています。

上／橋上駅舎で出口は南北にある
左／飛田給駅の広いコンコース

飛田給駅の構内配線図

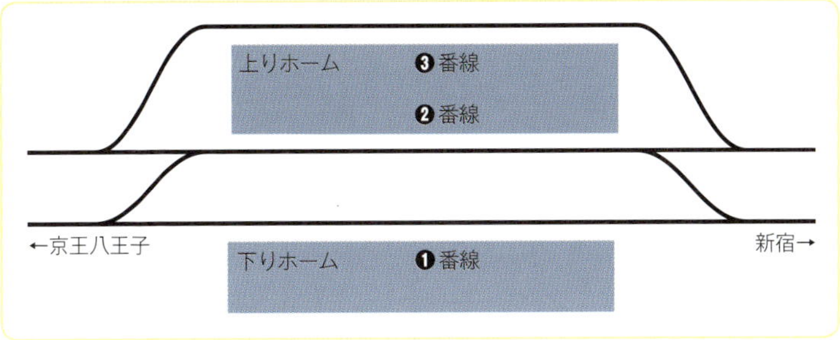

武蔵国の中心部にあった府中地区の表玄関、府中駅

府中駅周辺は古くは武蔵国府が置かれ、いまも南多摩地域のビジネス・ショッピングの中心地として、また、信仰を集める大國魂神社の門前町としてもにぎわっています。

■特急停車の2面4線高架ホーム

府中は1916（大正5）年の開業以来、京王線の拠点駅として重要な役割を果たしてきましたが、周辺まで家屋が建て込み、ホームの延伸もままならない状況でした。そこで1981（昭和56）年10月、府中駅の前後1.6kmを高架化して、特急停車駅にふさわしく、上下線それぞれに退避線を持った10両編成対応の2面4線ホームを設け、あわせて8カ所の踏切を解消しようという「府中駅付近連続立体交差事業」が着工されました。同時に、府中市による駅南口再開発事業も実施されています。

1989（平成元）年10月に下り線、1991（平成3）年4月に上り線の高架化が完成。1993（平成5）年3月には、中央に大きな三角形のガラス窓をデザインした新駅舎も竣工しました。「都会的で現代的なミュージアムをイメージさせる」として、「関東の駅百選」にも選ばれています。駅ビルには1995（平成7）年、京王アートマンをキーテナントとする、京王府中ショッピングセンターもオープンしました。

「関東の駅百選」に選ばれた府中駅は、現代的なデザインが特徴

■府中のシンボル・ケヤキ並木と大國魂神社

府中市のシンボルは、京王線と垂直に交差するようにして南北に延びる、ケヤキ並木です。これは駅南口にある大國魂《おおくにたま》神社の参道で、全長500m、約150本が植えられ、国の天然記念物にも指定されています。大國魂神社はおよそ1900年前、景行《けいこう》天皇の時代の創建と伝わる古い神社。祭神は大国主命とも呼ばれる大國魂大神で、武蔵国総社として信仰を集めています。大祭は例年4月30日～5月6日に行われ、「くらやみ祭」と呼ばれています。神職一行が品川沖の海上で身を清める禊祓式《みそぎはらえしき》に始まり、ケヤキ並木では山車の競演、競馬式などが行われます。メインの御輿渡御《みこしとぎょ》は5月5日の午後6時から、神輿が大太鼓の音が響く境内を進むというものです。

マメ蔵

武蔵国府……国府とは奈良時代～平安時代にかけて地方に置かれた朝廷の出先機関で、いまの東京都・埼玉県・神奈川県の一部を治めた武蔵国府の庁舎は、発掘調査などから、府中駅南側の大國魂神社付近にあったと推定されています。

大國魂神社は旧武蔵国の総社で、とくに格式の高い「東京五社」のひとつ

ショッピングセンター開業と本社移転により グループの拠点となった聖蹟桜ヶ丘

京王電鉄の本社は、東京都多摩市の京王線聖蹟桜ヶ丘駅にあります。軌道時代の起点だった新宿３丁目から、1988（昭和63）年３月14日に移転しています。

■天皇ゆかりの地と桜の名所が駅名に

聖蹟桜ヶ丘は1925（大正14）年に玉南電鉄（当時）の「関戸」として開業しました。近くに明治天皇が訪れた狩猟場と、桜の名所があったことから、1937（昭和12）年５月に、**聖蹟**（天皇ゆかりの地）と桜ヶ丘とをあわせて改称されました。いまでも「お洒落」に感じられる駅名には、案外古い歴史があるのです。

京王帝都電鉄（当時）は1986（昭和61）年９月、災害発生時の鉄道・バスなどに対する指揮・指令系統の拠点としての存在に不安が残るとして、

聖蹟桜ヶ丘駅に隣接した京王電鉄の本社ビル

新宿3丁目にあった1927（昭和2）年築の旧・本社ビルからの移転を決定しました。4カ所の候補地のうち、周辺道路が整備され、近くに広域避難場所である多摩川河川敷があることなどから、聖蹟桜ヶ丘の現在地が選ばれたのです。

新・本社ビルは1987（昭和62）年2月に着工、1988（昭和63）年3月に機能の移転を終えました。いまの本社ビルは地上9階建て、延べ床面積は1万3878㎡と、旧・本社の3倍近くのスペースが確保されました。

■京王聖蹟桜ヶ丘ショッピングセンターもオープン

本社の移転に先立つ昭和50年代から、京王帝都電鉄は聖蹟桜ヶ丘駅周辺の総合開発に取り組んでいました。総面積3万6000㎡、メインは線路をはさむA・B館のショッピングセンターで、A館にはキーテナントとして京王アートマンと京王ストア、B館には京王百貨店聖蹟桜ヶ丘店が入り、ファッション、雑貨の専門店やレストランとともに、1986（昭和61）年3月にグランドオープンを果たしました。聖蹟桜ヶ丘駅周辺はその名のとおり、「お洒落」な街並みに雰囲気を一変させたのです。

マメ蔵

聖蹟……聖蹟桜ヶ丘駅に近い多摩市連光寺5丁目に、明治天皇が何度も訪れたことを記念して1930年に開館した「旧多摩聖蹟記念館」が、無料で一般公開されています。内部には、明治天皇の騎馬像などが展示されています。

地上の改札口は2カ所あり、東西両方向に出ることができる

ショッピングセンター4階の降車専用改札口は、エスカレーターでホームと直結

かつて特急の分割・併合が行われた高幡不動駅

動物園線が分岐する高幡不動駅には高幡不動検車区が設けられ、かつては新宿〜京王八王子・高尾山口間の特急が、ホームで分割・併合を行っていました。改札口を出て多摩都市モノレールとも接続しています。

■検車区があり始発・終着電車も多数

高幡不動は1925（大正14）年3月、玉南電気鉄道（当時）の「高幡」として開業しました。1937（昭和12）年5月に、近くにある「高幡のお不動さん」として信仰を集める高幡山明王院金剛寺にちなみ、「高幡不動」と改称されています。

動物園線、多摩都市モノレールと接続する高幡不動は、全列車が停車するターミナル駅です。2006（平成18）年までは土休日に、新宿〜京王八王子・高尾山口間に運行されていた特急が、高幡不動のホームで分割・併合を行っていました。下りは前方の京王八王子行きが先発し、上りは高尾山口からの電車が先着して待つパターンでした。また、車両基地が設けられているため、ここを始発・終着とする電車も、数多く設定されています。車両基地は玉南電気鉄道の開業と同時に開設され、いまも線路の北側に広い構内を有しています。ホームは、京王線用に2面4線、動物園線用に1面1線の、あわせて3面5線があります。

高幡不動まで、駅から徒歩5分。正式名は「高幡山明王院金剛寺」

かつて下り特急の行先表示は、高幡不動まで2カ所の終着駅を示していた

特急列車の分割・併合

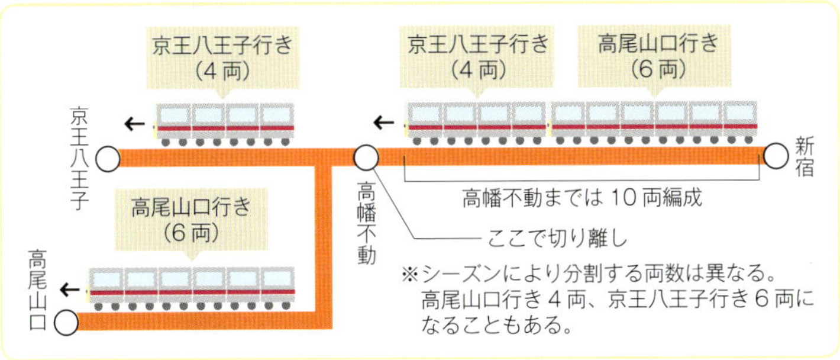

■土方歳三の菩提寺・高幡不動尊金剛寺

駅名のゆかりとなった高幡不動尊金剛寺へは駅南口から歩いてすぐ。関東三大不動のひとつとされていて、古文書などによると、大宝年間（西暦701年ごろ）の創建と伝えられています。初詣の時季や毎月28日に行われる縁日には、駅から続く参道はたくさんの参拝客でにぎわっています。また、金剛寺はいまの日野市出身の**新選組**副長・土方歳三《ひじかたとしぞう》の菩提寺で、境内奥の大日堂には、土方の位牌が収められています。土方の銅像や、近藤勇と土方の顕彰碑「殉節両雄之碑」も立てられていて、近年は若い女性を含む「新選組ファン」も数多く訪れるようになりました。

マメ蔵

新選組……幕末の京都で反幕府勢力を取り締まった新選組は、局長の近藤勇がいまの調布市、副長の土方歳三が日野市など、幹部の多くが多摩の出身でした。京王グループのHPでも、沿線の「ゆかりの地」が詳しく紹介されています。

八王子市の中心部に立地する京王八王子駅

京王八王子駅は八王子市の中心部にあり、1989年4月に地下化。1991年8月にバスターミナルと駐車場ビル、1994年9月には直上に駅ビルがそれぞれ完成しています。

■地下化、直上に商業施設ビル建設

京王八王子は1925（大正14）年3月24日、玉南電気鉄道（当時）の終点「東八王子」として開業しました。1963（昭和38）年12月に、**八王子市**の都市計画にからみ、190m新宿寄りの現在地の地上に移設され、「京王八王子」と改称されました。ホームは東八王子時代、改称後の地上駅、そして現在の地下駅も、長さは延びましたが、島式1面2線と変わっていません。

京王八王子駅はJR八王子駅の北東400mほどの、市内中心部にあります。1989（平成元）年4月2日、まず駅の地下化工事が完成し、引き続き中心部の拠点としての整備が行われました。ターミナルビルは駅直上というアクセスのよさを生かし、商業施設として建てられることになりました。まず、1991（平成3）年8月にバスターミナルと駐車場ビルが完成し、1994（平成6）年9月15日にはカジュアルファッションや生活雑貨ショップと、大型書店をテナントとする地上11階·地下1階建ての「KEIO21」ビルがオープンしました。その後1999（平成11）年3月27日に「京王八王子ショッピングセンター」と改称しました。

■京王プラザホテル八王子もオープン

京王グループは駅ビルと並行して、JR八王子駅北口に隣接する京王バス八王子営業所の跡地に、京王プラザホテル八王子の建設も進めました。こちらも駅ビルと同じ1994（平成6）年9月の開業で、地上15階・地下2階建て、客室数は200室、1000人収容の大宴会場も設けられました。当時、人口47万人で多摩地区西部の拠点都市だった八王子ですが、大規模な都市ホテルはありませんでした。京王プラザホテルの進出は、八王子の財界人から、大きな喝采をもって迎えられたといわれています。

マメ蔵

八王子市……江戸時代は甲州街道の宿場町、明治以降は絹糸の集積地として栄え、多摩地区で一番早い1917年に市制を施行しています。いまの人口はおよそ58万人。京王八王子駅は1日約6万人が乗り降りしています。

駅直上という立地のよさを生かした京王八王子ショッピングセンター

京王八王子駅の直上に立つ商業施設
京王八王子ショッピングセンター

JR 八王子駅に隣接した京王プラザホテル八王子

京王八王子駅のバスターミナル

ミシュラン掲載でますます人気 高尾山の表玄関・高尾山口駅

『ミシュラン・グリーンガイド・ジャポン』に「三つ星」として掲載された高尾山。そのふもとにある高尾山口駅は、年間 260 万人におよぶ観光登山客のアクセスポイントとして、重要な位置を占めています。

■ 1日あたり1万人以上が利用

高尾山口は1967（昭和42）年10月1日、高尾線の開通によってその終点として開業しました。以来、「都心から1時間」の一大観光地・高尾山（599m）登山の観光客と、山内にある高尾山薬王院への参拝客のアクセスルートとして、高尾線は重要な位置を占めています。高尾山は2007（平成19）年、世界的な観光ガイドブック『ミシュラン・グリーンガイド・ジャポン』日本版で最高ランクの「三つ星」に選ばれたことで、人気はさらに高まり、高尾山口駅はいまや平日でも多くの人たちでにぎわうようになりました。1990年代は1日あたり7000人台で推移していた高尾山口の乗降客数も、2009（平成21）年には1万人を突破しています。高尾山の登山者数が年間260万人といわれていますので、その多くが高尾山口を利用していると思われます。

大勢の観光客や登山者でにぎわう高尾山口駅

ケーブルカーの清滝駅まで、高尾山口駅から徒歩5分。新緑や紅葉の時季には絶景を満喫できる

■「K-Shop高尾山口」も人気

高尾山口は高架の島式1面2線ホームで、高架下には通常の改札口のほか、混雑時には臨時の改札口も使われます。改札のそばには京王リテールサービスが運営する「K-Shop高尾山口」があり、広い店内はコンビニエンスストアとしてはもちろん、土産物店、ハイキング用品の販売店としても十分に機能しています。土産物の売り上げでは「高尾山天狗あんぱん」「わさび漬け」「酒まんじゅう」が上位を占めているといいます。「K-Shop高尾山口」オリジナルの「伸び伸び手袋」も人気商品のひとつです。

高尾登山電鉄が運行するケーブルカーの清滝駅と、隣接するリフトの山麓駅まで、緩い坂道を歩いて5分ほどです。

マメ蔵

高尾登山電鉄……1927年に清滝～高尾山間1km·高低差271mのケーブルカー路線として開業しました。途中に、ケーブルカーとしては国内最急となる608パーミルの勾配区間があります。1964年にリフトも開通しました。

多摩ニュータウンで成長著しい南大沢駅

南大沢駅周辺には、首都大学東京のキャンパスのほか、大規模なアウトレットモールや商業施設のビルが立ち並び、八王子市南東部地域の拠点として、にぎわうようになりました。

■大学や大規模商業施設が集中

南大沢は1988（昭和63）年5月21日、京王多摩センターからの相模原線延長により、橋本への延伸完成までの暫定的な終点駅として開業しました。南大沢は**多摩ニュータウン**西部を占める八王子南東部市域の拠点として開発が計画されていたため、駅周辺には、1991（平成3）年に東京都立大学（現・首都大学東京）キャンパスが目黒区から移転。1992（平成4）年には地上6階・地下2階の商業ビル「ガレリア・ユギ」が、そごうと忠実屋をキーテナントにオープンしています。「ユギ」は周辺の地名・由木から取られ、南大沢の駅名も建設中は由木平と仮称されていました。現在、「ガレリア・ユギ」には、イトーヨーカドー南大沢店などが入って

八王子南東部の中心駅となった南大沢

います。

その後、2000（平成12）年には駅北側の高台に「三井アウトレットパーク多摩南大沢」、2001（平成13）年にはシネマコンプレックスの「ヴァージンシネマズ南大沢」（現・TOHOシネマズ南大沢）がそれぞれ開業するなど、周辺は大規模商業施設が集中するエリアとして発展しています。

■肉のテーマパーク「東京ミートレア」

京王グループも2007（平成19）年、駅に隣接して「フレンテ南大沢」を開業。2009（平成21）年には新館を建設し、「肉料理のテーマパーク」である「東京ミートレア」をオープンさせました。スペイン風の店内には、全国から選ばれた肉料理の名店が多数、出店しています。すべての店舗が、厨房が見えるようにデザインされ、いずれもテイクアウトの料理を用意しているため、100席以上用意された共用客席で、いくつもの店の自慢の味を食べ比べることも可能です。

マメ蔵 **多摩ニュータウン**……稲城・多摩・八王子・町田の4市にまたがる大規模住宅開発地で、計画人口はおよそ34万人。1971年から入居が開始されました。初期に入居した住民の高齢化と、建物の老朽化が近年、問題になっています。

「東京ミートレア」では、名店の肉料理を堪能できる

駅から徒歩1分という好立地の「三井アウトレットパーク多摩南大沢」

旅客に列車の接近を伝える接近メロディが楽しい

京王電鉄は京王八王子、聖蹟桜ヶ丘の両駅の列車接近メロディに、それぞれゆかりのアーティストの楽曲や、アニメーション映画の主題歌を採用して親しまれています。

■京王八王子は「FUNKY MONKEY BABYS」

京王電鉄は2011（平成23）年11月から、京王八王子駅の列車**接近メロディ**に、地元出身の男性音楽グループで、八王子観光大使も務める「FUNKY MONKEY BABYS（ファンキーモンキーベイビーズ）」のヒット曲『ヒーロー』を1番線ホーム、『あとひとつ』を2番線ホーム用に、それぞれ採用しました。メンバーのファンキー加藤、モン吉、DJケミカルの3氏はいずれも八王子市の出身。メロディ採用にあわせて、記念きっぷも発売されました。DJケミカルさんが描いたイラストの台紙に、硬券きっぷを4枚セットしたもので、ボタンを押すとオルゴール調にアレンジされた『あとひとつ』のメロディが流れます。グループの「5」周年と、八王子の「802」にかけた5802セットを発売しました。

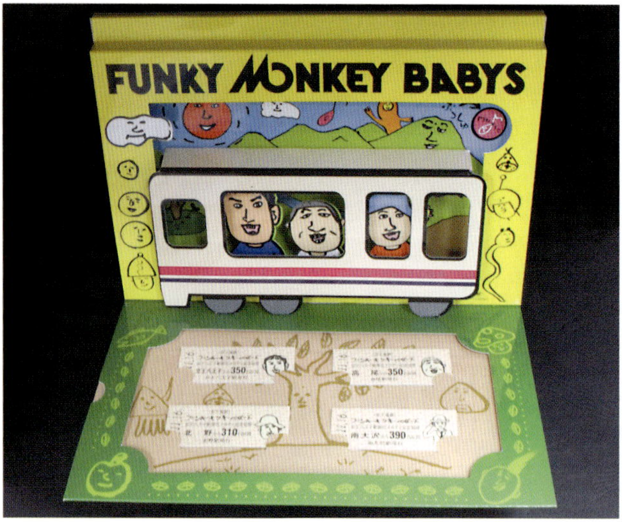

「FUNKY MONKEY BABYS」のメロディ採用にあわせて発行された記念きっぷ

■聖蹟桜ヶ丘は『耳をすませば』の『カントリー・ロード』

　聖蹟桜ヶ丘では2012（平成24）年4月から、アニメーション映画『耳をすませば』（柊あおい原作・近藤喜文監督、1995〈平成7〉年公開）の主題歌『カントリー・ロード』を、接近メロディに採用しています。主人公の女子中学生・月島雫が暮らす住宅街は、駅近くの丘陵地が舞台とされていて、実際の風景にそっくりな背景が、作品のあちこちに描かれています。そのため、地元・多摩市や商店会、まちづくり会議などと協力して、接近メロディも導入されることが決まりました。4月8日の「せいせき桜まつり」開催にあわせて、始発電車からメロディが『カントリー・ロード』に切り替えられました。1番線と2番線とで、使われているパートが異なっています。

マメ蔵

接近メロディ……列車の接近を乗客に知らせるための自動放送アナウンスに先立って流れる音楽で、かつてはチャイムなどの電子音がほとんどでした。最近は、駅ゆかりの童謡やアーティストの楽曲を採用する例が増えています。

聖蹟桜ヶ丘は、人気アニメーション『耳をすませば』の主題歌『カントリー・ロード』を採用

地域社会と連携したまちづくりを目指す「Green Happiness 井の頭線」

「住む人と地球に優しい井の頭線」をテーマに2011年から、「Green Happiness　井の頭線」の取り組みが進められています。

■大樹と電車をモチーフにしたシンボルマーク

京王電鉄は2011（平成23）年から、「住む人と地球に優しい井の頭線」をコンセプトに、「Green　Happiness　井の頭線」と名付けた環境保全やまちづくりキャンペーンを展開することを発表しました。

井の頭線沿線は井の頭公園、玉川上水など緑が多いエリアで、京王電鉄もこれまで、線路際にアジサイ、ツツジ、サザンカを植える緑化策などを進めてきました。それをさらに地域と連携して推進していくために、電車と大樹をモチーフにしたシンボルマークも制定されました。木の葉は、ハートの形をしていて、緑の中に井の頭線電車の前面にあしらわれている「シンボルカラー」の７色がちりばめられています。心地よいふれあいを象徴する「Green」という言葉と組み合わせることで、井の頭線は「Happiness」を運び、育んでいく路線だということを表現しています。

上／VVVFインバータ装置が搭載された井の頭線の1000系
右／井の頭線の沿線では、美しいアジサイが咲き誇る

永福町駅の屋上庭園「ふくにわ」と「Green Happiness 井の頭線」のシンボルマーク

Green Happiness
井の頭線

■VVVFと回生ブレーキの省エネ車両を導入

省エネルギーを目的に、井の頭線で運行されている1000系電車には、モーターを効率よく動かすことで使用電力削減効率の高いVVVFインバータ制御装置が搭載されています。京王線系統の電車も、2012（平成24)年度中にすべてVVVF車両となる予定です。「**回生ブレーキ**」と「VVVFインバータ制御装置」の導入により、これらの装置の導入前と比較して約45%の電力削減が図られています。

緑化策や省エネ車両など、環境に配慮した設備が導入された井の頭線の電車や駅施設には、シンボルマークのステッカーが張られているほか、イベントの実施にあわせてポスターなどを通じたPRも行われています。

マメ蔵

回生ブレーキ……電車がブレーキをかけたときに、電動機を発電機として作動させ、発生した電力を架線に戻して再利用するシステム。省エネルギーのための一手段として、多くの電車に搭載されるようになりました。

省エネ施策に取り組み環境に優しい京王電鉄の駅

京王電鉄では、車両に加えて、駅や工場施設などでも太陽光発電や節水など、さまざまな省エネルギー化の取り組みや、周辺への環境配慮策が行われています。

■太陽光発電や自然採光を多用した駅

京王電鉄は車両だけでなく駅施設などの省エネルギー化も進めてきました。2001（平成13）年、明大前、若葉台駅、高幡不動車両基地の3カ所に、2010（平成22）年には芦花公園駅に太陽光発電システムを導入。また、同じ2010年には永福町駅で、構内通路の屋根に、自然光を取り込むことができる「透過式」の太陽光発電パネルを設置して、発電した電力を駅ビルの電力として使うとともに、採光にも配慮しています。透過式発電パネルを用いなくとも、ホームやコンコースの屋根の設計に工夫を凝らして、効率的な自然採光が行えるようにしています。

永福町駅のコンコースでは、屋根から自然光を採り入れている

マメ蔵

さまざまな環境配慮……京王電鉄は1991年から、線路脇の雑草の除去に除草剤を使わず、人の手による草刈りを行うことにしました。2002年からは売店などで回収したペットボトルをリサイクルして、案内板に使っています。

案内看板も、消費電力を抑えた蛍光灯やLEDと導光パネルを組み合わせることで、見やすく省エネ効果の高い「内照式」のものに取り換える作業が進んでいます。

■節水やきっぷリサイクルにも取り組み

節水については、永福町駅の古い地下道を雨水の貯水槽としてリニューアルし、トイレの洗浄水の一部に使うようにしました。トイレの便器もこれまでに比べて、約50%の節水効果があるシステムを順次導入しています。若葉台工場では、車両や部品の洗浄水の40%を「再利用装置」で処理されたものでまかなっています。

1999（平成11）から翌年にかけて、使用済みきっぷをトイレットペーパーに、定期券などをベンチの材料にするなどのリサイクルに取り組み、京王電鉄は2000（平成12）年、「平成12年度リサイクル推進功労者等表彰」で、運輸大臣賞を受賞しています。

騒音・振動対策としては、車輪の振動を自動的に検出するセンサーを設置したり、ロングレール化や鉄橋に防音材を多用したりしています。

材料の一部に定期券やパスネットカードをリサイクルしたユニバーサルベンチ

永福町駅の透過式の太陽光パネル

4章 京王電鉄の車両

京王電鉄の車両は、すべてが 20m 級 4 扉のステンレスカー。
過去には名車の呼び声が高い個性豊かな車両も活躍していました。
現役の車両はもちろんのこと、一時代を築いた懐かしい車両たちの
歴史を振り返ってみましょう。

現役で活躍する４形式

京王電鉄ギャラリー

京王電鉄のイメージリーダー 9000 系。都営新宿線乗入れ対応の 30 番台も準特急の運用をこなす

上／動物園線の運用に入った8000系　下／10両固定編成の7000系が多摩川橋梁を渡る

1000系　バラエティー

上／富士見ヶ丘検車区に勢ぞろいした７色の 1000 系　下／井の頭線の沿線は緑が豊か

上／行先表示器の視認性が向上した 1000 系　下／車窓から美しいアジサイを観賞

京王線の現役車両

6000系の設計思想を引き継ぐ初のステンレスカー7000系❶

7000系は、6000系の設計思想をもとにした20m級4扉の大型車両で、京王線初の軽量オールステンレス車両として、1984年にデビューしました。

■左右対称の前面窓が特徴

7000系は京王線に初めて導入された軽量オールステンレス製の車両で、6000系の設計思想と同一の20m級4扉の大型車体と、回生ブレーキ付き**界磁チョッパ制御装置**を備えています。2003（平成15）年度以降、界磁チョッパ制御装置はより省エネ効果の高いVVVFインバータ方式に改められ、2012（平成24）年度中にはすべての車両への搭載を完了する予定です。

車両前面窓は6000系とは違い、左右対称とされました。正面の一部に強化プラスチック（FRP）が使われていて、1986（昭和61）年までに製造された第1次車両はステンレスの色調にあわせて、シルバーグレーの塗装が施されていました。1987（昭和62）年以降に製作された車両は、窓周りを除いて前面がアイボリーホワイトの塗装に変更され、貫通扉を貫く赤色の帯が追加されました。のちに第1次車両もこの塗装に改められ、現在は「京王ブルー（紺色）」と「京王レッド（濃いピンク）」の2色の帯に変更されています。

第1次車両の側面は凹凸の多いコルゲート仕様でしたが、1987（昭和62）年度の21編成以降、出っ張りの少ないビードプレスタイプに改められました。

登場時の7000系は、帯が赤一色だった

■平天井の車内で明るくすっきり

室内は当初、オレンジ系の座席に床がレンガ色にベージュのツートンという暖色系のインテリアでしたが、のちに座席は背もたれに区分用のグラデーション柄を描いたバイオレット系、床はグレーとベージュ系に更新されました。窓は6000系と同じく1枚下降式を採用し、戸袋窓が設けられていることもあって外光を十分に採り入れることができ、車内を明るくしています。天井は、すっきりした雰囲気の平天井が採用されています。

マメ蔵

界磁チョッパ制御装置……直流電動機の制御方法のひとつで、回生ブレーキが使用できることから、1969年以降、大手私鉄の車両に導入されました。VVVFインバータの普及で、90年代以降の新造車にはほとんど採用されていません。

側面にコルゲート板というプレス加工された波板を貼り付けた7000系

ビードプレスの7000系は、側面がすっきりしている

京王線の現役車両

各駅停車から特急まで編成も豊富な7000系❷

1984年の入線時点で、7000系の第1次車両は5両編成でしたが、その後、2・4・6・8・10両と、多くのバリエーションが登場しています。

■ワンマン対応の2・4両編成が存在

7000系は1984（昭和59）～1996（平成8）年にかけて190両が製造され、2012（平成24）年5月時点で1両の廃車もなく、すべて現役で使われています。

もともと7000系は、各駅停車に使われていた緑色塗装の2000系や2010系など、旧型車両の置き換えを目的に製造されたため、当初は5両編成で、おもに各駅停車としての運用にあたっていました。のちに速達列車での運用にも対応することになり、7000系には2・4・6・8・10両編成と、数多くのバリエーションが存在するようになったのです。2012（平成24）年5月現在、7000系の190両は、2両5本、4両7本、6両5本、8両4本、10両9本に編成されています。

2両編成は1994（平成6）年、朝ラッシュ時の各駅停車に増結して10両編成とするために製造されました。このうち2本は、後に競馬場線内での折り返し用として、ワンマン運転対応用の設備が施されています。4両編成は1993（平成5）～1994（平成6）年にかけて5本が製造（残りの2本は編成組み替えで誕生）され、こちらもうち2本に動物園線用のワンマン対応化がなされています。

競馬場線のワンマン運転に対応した2両編成の7000系

■LED化などさまざまな更新工事も

オールステンレス製で耐用期間の長い7000系は、のちに登場した新型車両にあわせて、2001（平成13）年から、さまざまな更新工事が行われ、2010（平成22）年度までにすべての工事を終えて生まれ変わりました。おもな内容としては、座席の更新に加えて、ドアチャイムやLED式またはLCD式車内案内表示器、車いすスペースの設置、一部車両の車外案内表示器のLED化、丸形だった吊り輪の三角形化などが挙げられます。

マメ蔵

オールステンレス製……鋼製車体の6000系と同様の制御装置が搭載されていた7000系は、京王線初の軽量オールステンレス車両です。

三角形になり握りやすくなった吊り輪

LED式車内案内表示器

フルカラーLED式の車外案内表示器

京王線の現役車両

20年ぶりのフルモデルチェンジで新しいイメージをつくった8000系❶

1992年デビューの8000系は、外観や品質の総合評価により、通商産業省（現・経済産業省）の「グッドデザイン商品（Gマーク商品）」に選定されました。

■新たなシンボルカラーをまとう

1992（平成4）年3月にデビューした8000系は、京王電鉄の新たなシンボルカラーである「京王ブルー（紺色）」と「京王レッド（濃いピンク）」の2本の帯が、初めて巻かれた車両です。7000系が6000系の改良形という位置付けのため、京王電鉄にとって8000系は、6000系がデビューした1972（昭和47）年以来、20年ぶりの「フルモデルチェンジ」車両です。

前面では細い紺色帯が上、太いピンク帯が下になっていますが、運転台後部でピンクの帯が上部に回り込むデザインとされているため、側面から見ると、ピンクの帯が上になっています。また、側面上部に「京王レッド」の帯が1本、貫かれています。

車体は7000系と同じ20m級4扉の軽量ステンレス製ですが、アイボリーホワイトに塗られた先頭部は、曲線を多用した美しいデザインを施す目的もあって、普通鋼製とされました。前面には大型の曲面ガラスを採用し、中央の非常用貫通扉も車体と平滑になるように**プラグドア**とされています。

新しいシンボルカラーをまとい、曲面を多用した美しいデザインが印象的な8000系

■初めて車いすスペースを設置

座席は6000系・7000系同様の7人掛け＋4人掛けのロングシートですが、1人ずつの区分が明瞭なバケットシートが採用され、座り心地がよくなりました。壁や床面は、ベージュ系でまとめられています。また、京王電鉄では初めて、車いすスペースが製造時から設けられました。10両、8両編成にそれぞれ2カ所あります。

これら外観・機能・品質・安全性が高い評価を得て、8000系は1992（平成4）年度の通産省「グッドデザイン商品」に選ばれました。

マメ蔵 **プラグドア**……閉じた状態で、外側が外壁面と同一平面になるタイプのドアのことです。おもに新幹線や航空機など、高速での空気抵抗を少なくするために使われますが、8000系ではデザイン重視の観点から採用されました。

車内の車いすスペース

8000系のローズレッドのバケットシート。1人ずつの区分が明瞭になった

京王線の現役車両

京王線初のVVVF車 ハイセンスな8000系❷

8000系には京王電鉄として初めて、省エネ効果の高いVVVFインバータ制御方式が採用され、のちに進められた全車VVVF化のさきがけになりました。

■全車両VVVF化のさきがけに

8000系の制御方式には京王電鉄として初めて、省エネ効果の高いVVVFインバータ方式が採用されました。もちろん、6000系以来の回生ブレーキ装置も設置されています。VVVF方式は、次世代の京王線9000系、井の頭線1000系にも採用されたほか、界磁チョッパ方式だった7000系も換装されることになったため、8000系による採用は、京王電鉄全車両VVVF化のさきがけとなったのです。

8000系にはさらに、保守の効率化と乗務員の負担軽減を目的として、乗務員室内の設定器・ガイダンス表示器と各車両の機器とを結ぶ、運転支援モニターシステムも設置されました。このシステムによって、方向幕の一括制御や故障時の応急処置方法の表示、さまざまなテスト操作まで行えるようになりました。

2012（平成24）年2月には、8000系1編成の客室内の照明を、蛍光灯に比べて約35%の消費電力を削減できる**LED**に切り替えました。

VVVF化のさきがけとなった8000系。写真は中間に運転台の入っていない8両編成

■6＋4両の10両固定と8両編成が運行

8000系は1992（平成4）から1994（平成6）年にかけて、4両編成14本と6両編成14本が製造され、これらは現在、4＋6の10両固定編成14本として運行されています。また、1995（平成7）～1999（平成11）年にかけては、20番台と呼ばれる8両編成が13本製造されています。2012（平成24）年5月現在、8000系はあわせて244両が活躍しています。

8000系はかつて、6両編成や4＋4の8両編成による運行や、高幡不動駅での京王八王子・多摩動物公園方面と高尾山口方面との分割・併合を行っていたこともありましたが、現在は行われていません。また、8両編成の20番台は、他編成や他系式と併結することはないため、おもに京王線新宿発着の各駅停車で運用されています。

マメ蔵

LED……「Light Emitting Diode」の頭文字で、導電することによって発光する半導体素子です。光の3原色である赤・緑・青がそろっていることから、LEDでほとんどの色を再現できるようになりました。

照明がLED化された8000系の客室

特急

京王線の現役車両

グッドデザイン賞を受賞 平滑な車体が特徴の9000系❶

9000系は2001年のデビューで、5000系の流れを引く曲面を多用したデザインは、8000系同様に「グッドデザイン賞」に選定されました。

■名車5000系のイメージを引き継ぐ

9000系は2001（平成13）年1月、老朽化が目立ち始めた6000系の置き換えをおもな目的に、地下鉄乗入れが可能な同一の車体寸法で設計・製造された、20m級4扉車です。7000系、8000系と同じく車体は軽量ステンレス製ですが、コルゲートやビードプレスのない、平滑な側面に仕上げられています。なお、9000系では京王線の車両としては初めて、戸袋窓が廃止されました。

前頭部は8000系と同じく普通鋼製で、アイボリーホワイトに塗られた運転室部分には、より曲面を多用したやわらかな印象のデザインが施されています。「名車」といわれた5000系で採用した前面窓にはパノラミックウィンドウが採用されました。前面貫通扉付きですが、左右対称の大きな正面窓との一体性を持ったデザインです。9000系も8000系同様、2001（平成13）年度の「**グッドデザイン賞**」に選定されています。

5000系と同様に前面にパノラミックウィンドウを採用した9000系0番台

■VVVFインバータ方式を採用

9000系にも、もちろんVVVFインバータ制御方式が採用され、2000（平成12）～2004（平成16）年に、8両編成8本が製造されました。このグループは都営地下鉄新宿線乗入れには対応していません。9000系は8000系とは異なり、6000系、7000系との併結運転を前提に設計されました。このため、現在10両編成が必要な朝ラッシュ時などには、7000系2両編成を併結して運行されています。

マメ蔵

グッドデザイン賞……1957年に通商産業省（現·経済産業省）が創設した制度で、現在は日本デザイン振興会により選定がなされています。受賞を示す「Gマーク」は、東京五輪のポスターを作った亀倉雄策のデザインです。

7000系（右）と併結した9000系0番台

9000系は京王線伝統の戸袋窓が廃止された

京王線の現役車両

ドアチャイムや座席の拡大など多彩な設備が魅力の9000系❷

9000系の座席は、8000系より1人あたりの幅を10mm拡げた450mmとし、ドアチャイムや案内表示などのサービス設備も充実しています。

■9000系は京王電鉄の主力車両

2004（平成16）年までに製造された64両の9000系が地下鉄乗入れ非対応とされたのは、当時の都営新宿線で使われていたCS-ATCがアナログ方式で、電波障害の恐れのあったVVVF車が入線できなかったためです。しかし、2005（平成17）年に新宿線ATCのデジタル化がなされたことで、いよいよ9000系は6000系の代替車両としての本領を発揮します。2006（平成18）年から、地下鉄用のATCを搭載した9000系の導入を開始。30番台と名付けられ、新宿線への直通乗入れ運転を開始しました。

9000系30番台は10両固定編成として増備が続き、9000系は2009（平成21）年までに、当初予定の264両の製造を終えています。これは京王電鉄の現有車両で、最大勢力になっています。9000系の増備に伴って置き換えが進み、6000系は2011（平成23）年3月、運行を終えました。

都営新宿線乗入れ対応の9000系30番台は10両編成で登場

■座席幅を拡大しバケットも改良

9000系には、京王電鉄として初めて、ドアチャイムとLED式の旅客案内表示器が設置されました。後期に製造された車両は、LEDに代わって液晶ディスプレイ（LCD）による案内表示器になりました。2010（平成22）年からは、一部の車両に自動放送を導入しています。

座席も8000系以前の車両より1人あたり10mm幅が拡げられ、**バケット**の形状も変更されたことで、座り心地が向上しています。座席のローズピンクは8000系より、やや濃いめの色調となっています。

マメ蔵　**バケットシート**……通勤型車両のロングシートの場合、座席にくぼみを設け、1人分のスペースを際立たせたタイプをいいます。近年、定員着席の奨励と、座り心地のよさを両立させるために導入されています。

座席の幅が拡げられた9000系のバケットシート

0番台（左）と30番台（右）は、0番台では下部の台枠がわずかに絞られているのに対し、30番台はストレートになっているという差異もある

井の頭線の現役車両

レインボーカラーを引き継いだバリエーション豊富な1000系❶

1000系は井の頭線初の20m級大型車で、同線では33年ぶりの新型車両となりました。3000系の正面イメージとレインボーカラーの伝統は、引き継がれています。

■レインボーカラーは健在

1000系は1995（平成7）年11月、井の頭線初の20m級4扉、VVVFインバータ制御車両として、また3000系（1962年入線）以来33年ぶりの新型車両として完成。翌年1月から営業運転を始めました。旅客サービス向上・省エネルギー化・メンテナンスフリー化をコンセプトに置きながら、3000系の前面イメージと編成ごとにカラーリングを施す7色の「レインボーカラー」は、踏襲することになりました。

前面貫通扉を中心軸より助手席側に寄せて設置し、3000系の大型2枚窓とそっくりなイメージにしつらえた前面のデザインは「秀逸」として、乗客・沿線住民からも大好評です。

1000系は京王電鉄では初めて戸袋窓を廃止した形式（6000系5扉車を除く）

■9000系に準じて改良された第3・4次車

外観・車内を含めて、1000系には製造時期により細かな改良が施されていて、さまざまなバリエーションが存在しています。1995（平成7）年～1996（平成8）年製造の第1次車5本と1998（平成10）年製造の第2次車5本は同一設計で、8000系をベースにしたビードプレスの軽量ステンレス車体ですが、さらに軽量化を図るため戸袋窓は廃止されました。バケットシートを採用し、1人あたりの座席幅は440mmです。

2002（平成14）年製造の第3次車1本と、2003（平成15）～2004（平成16）年製造の第4次車4本では、運転台の高さを145mmかさ上げして前方視認性を向上させたほか、パンタグラフが**シングルアーム式**に変更されました。座席は幅を1人あたり10mm拡げ、座席の下の床上に脚台や機械が設置されていない片持ち式に変更したうえで7人掛けの座席を3人・4人に分割する位置に握り棒を設けています。ドアチャイムや車内案内表示器も設置されるなど、第3・4次車の車内は9000系に準じたものに改良されているのです。

マメ蔵

シングルアーム式……正面からT字形、横から「く」の字形に見えるパンタグラフで、降雪時の着雪や高速走行時の空気抵抗などが少なくなるメリットがあります。枠に用いる部品点数も少なくなるので、コスト削減にもつながっています。

当初、1000系第1・2次車は、菱形のパンタグラフを搭載していた

第3次車以降はシングルアームパンタグラフが採用され、1・2次車も交換された

井の頭線の現役車両

輸送力増強で登場したゆとりある客室が好評の1000系❷

同じ5両編成でも20m級4扉車の1000系は、18m級3扉車の3000系に比べて、ゆとりある車内スペースや乗降時間の短縮など、大きなサービス改善をもたらしました。

■全車両にATCを搭載

1000系は2008（平成20）年以降に製造された第5・6次車でも、いくつかの設計変更が行われています。外観上の違いは、軽量ステンレス車体側面のビードプレスをやめて、9000系に似たスタイルの平滑な表面に変更されました。前頭部の行先表示器もフルカラーLEDを採用して、大きなものになっています。また2012（平成24）年3月には1000系1編成の客室内の照明を、蛍光灯に比べて約35%の消費電力を削減できるLEDに切り替えました。

また、乗客からは気付きにくいところですが、京王電鉄が全線ATC化を決めたことで、1000系第5次車は井の頭線の車両としては初めて、新造時からATCを搭載して登場しています。3000系はATC化が困難だったことから、1000系第5・6次車の増備ペースを早めることになったのです。第1～4次車にも順次、ATC搭載工事が施されました。また、モーター出力は第1～4次車の180kWから160kWに改められています。

1000系の第5・6次車は、行先表示器にフルカラーLEDを採用し、表示面積が大きくなった

■車内に「ゆとり空間」が生まれ、乗降時間も短縮

3000系の引退で、井の頭線はすべて**20m級4扉車5両編成**の1000系による運行となりました。天井が10cm高くなったことによる開放感や、片持ち式座席の採用による乗客占有スペースの増加によって、車内には明らかな「ゆとり空間」が生まれました。20m級4扉では18m級3扉に比べ、乗降時間がかなり短縮されるというデータもあります。大型化された1000系は、大規模な施設改良が事実上難しい井の頭線にあって、その実力を遺憾なく発揮しているのです。

マメ蔵

20m級4扉車5両編成……1000系の導入で最も大きな改良工事を行ったひとつが、神泉でした。18m級の3000系でもホームが3両分しかなく、2両のドアを閉め切っていたのですが、トンネルを拡幅するなどして、ホームを延長したのです。

1000系の第1～4次車（左）の側面はビードプレスだが、第5・6次車（右）はビードがなくなりフラットで平滑な車体になった

1000系のレインボーカラー

色名称	前期型			後期型	
ブルーグリーン	01F	08F	15F	22F	29F
アイボリーホワイト	02F	09F		23F	30F
サーモンピンク	03F	10F		24F	31F
ライトグリーン	04F	11F		25F	32F
バイオレット	05F	12F		26F	33F
オレンジベージュ	06F	13F		27F	34F
ライトブルー	07F	14F		21F	28F	

「F」は編成を表すFormationの頭文字

引退した車両の功績

近代化に貢献した初代1000系

現在、井の頭線で活躍する1000系は「2代目」で、1957～1984年の間、「初代」の1000系が渋谷～吉祥寺間を行き来していました。

■井の頭線初の高性能カルダン車

初代1000系は1957（昭和32）年、井の頭線で初めての**カルダン駆動**による高性能車として製造されました。車体は全鋼製18m級で2両1組（主要機器を2両に分散して装備）のユニットの全電動車編成で、同時期に開発された京王線の2000系と似た前面2枚窓の「湘南スタイル」（111ページ参照）と、片開きの側扉の間に窓が3つずつ、緑色1色の塗装が特徴でした。

初代1000系は当初、ホームの長さにあわせて3両編成でしたが、そのうちの1両はユニットを組む相手のない変則編成でした。のちに電動車1両を加えた4両編成とされ、1975（昭和50）～1977（昭和52）年には、さらに中間付随車を1両加えた5両固定編成になっています。

4両編成まではすべての車両にモーターが搭載されていた高性能車でしたが、井の頭線の駅間距離の短さもあって、それを十分に発揮することはできませんでした。しかし、初代1000系は、井の頭線の近代化に大きく

オール電動車で登場した初代1000系は、持ち前の性能をフルに発揮できなかった

貢献した車両だったということができるでしょう。

前面2枚窓の「湘南スタイル」は井の頭線電車の標準スタイルとして定着し、3000系にも踏襲されました。片開き扉で、車体幅が狭く裾が絞られていない3000系初期型には、どこか「初代1000系のステンレス車」めいた雰囲気がただよっていました。

■モーターと台車は、伊予鉄道から銚子電鉄へ

1984（昭和59）年にすべて廃車された初代1000系の台車とモーターは京王線の2010系の車体と組み合わされて、愛媛県の伊予鉄道に譲渡され、800系として2010（平成22）年まで活躍しました。さらに2編成4両は千葉県の銚子電鉄に譲渡され、2000系として2010年7月から、運行を開始しています。

マメ蔵

カルダン駆動……電動機を台車枠に固定して、その力を「カルダンジョイント」を介して車軸に伝達させる装置です。それまでの吊り掛け駆動方式に比べてモーターなどが軽量で振動が伝わりにくく、高速走行性能に優れ、騒音や振動も低減されました。

井の頭線の近代化に貢献した1000系は、1984年に惜しまれながら引退した

京王線初の高性能車として登場した「湘南スタイル」の2000系

2000系は京王線初のカルダン駆動による高性能車で、「湘南スタイル」の前面2枚窓も含め、井の頭線の初代1000系とほぼ同時に登場しました。改良型の2010系も活躍しました。

■昇圧を見越して設計・製造された車両

1957（昭和32）年に導入された2000系は、京王線初のカルダン駆動による高性能車で、17m級3扉車のモーター・運転台付き2両がユニットを組んでいました。当時の京王線は600Vでしたが、近い将来に予定されていた1500Vへの昇圧（実施は1963年）に対応できる車両として設計・製造されました。ただし、600V時代は4両編成を組むと変電所の容量が足りず、せっかくの全電動車のうち1両のモーターをカットして、運行されていたといいます。

2000系は全鋼製車で、前面は大型2枚窓の「**湘南スタイル**」で、大型の前照灯が1基、上部中央に付けられていました。床にはリノリウム、壁面にはアルミデコラの化粧板が張られていて、天井は白く塗装され、それまでの「木張り」が目立った旧型電車の車内イメージを一新しました。中間の貫通部分は広幅で、扉は設けられていませんでした。

2000系は16両が製造され、1981（昭和56）から1983（昭和58）年にかけて廃車されました。

2000系は京王線初のカルダン車で、京王線の高性能化の先駆けとなった

■使い勝手のよさが好まれた2010系

2010系は2000系の改良型として、1959（昭和34）年から製造が開始されました。オール電動車だった2000系が、当初その高性能ぶりを「もてあます」格好になったため、2010系は運転室付きの電動車が中間付随車をはさむ3両ユニットとして、設計されました。その代わりにモーターは2000系の出力100kWから110kWに増強し、低速時の牽引力を確保しながら、高速運転も可能にしたタイプに振り替えられました。主制御器にも改良が加えられています。ただし、実際の運用は、中間付随車を2両組み込んだ4両編成で行われました。

台車は2000系と同じ設計のものが使われていましたが、将来の地下鉄との相互乗入れも考慮されて、1435mmへの改軌が簡単にできる構造で造られていました。基本的な電気機器などの設計は、のちの5000系にも踏襲されています。

こちらも2000系同様に緑一色の塗装でしたが、1963（昭和38）年に特急の運転が始まったとき、新鋭の5000系だけでは運用をまかないきれなかったため、4両編成4本がアイボリーホワイトに赤帯の「5000系カラー」に塗り替えられて、1971（昭和46）年まで活躍していました。2010系の全廃は、1984（昭和59）年のことでした。

マメ蔵

湘南スタイル……1950年に登場した国鉄80系電車第2次車の、前面大型2枚窓の非貫通形デザインのことです。80系が東海道線の「湘南電車」に使われたことから、同タイプの車両がそう呼ばれるようになりました。

2010系はオールMの2000系とは異なり、運転台付き電動車が中間付随車をはさむ形で運用された

引退した車両の功績

京王線では昭和40年代まで14m級車が活躍！

戦前生まれの14m級車両は戦後、付随車に改造されたり、1500V昇圧対応工事を受けて支線を運行したりしながらも、昭和40年代前半まで活躍しました。

■14m級で前面３枚窓が戦前の「京王スタイル」

1913（大正2）年に開業した京王電鉄の前身・京王電気軌道は、1形と呼ばれた木造４輪単車６両で運行を始めました。1920（大正9）年には11.7m級のボギー車・23形が主力を務め、大正期の京王電軌を代表する車両として親しまれました。初めて14m級の車両が登場したのは、府中～東八王子間を運行する子会社として開業した玉南電気鉄道（当時）の1形で、1925（大正14）年製造の木造２扉のボギー車でした。大きくカーブした前面に３枚窓のデザインは、京王電軌が製造した**半鋼製**の100形、150形に受け継がれ、以来、14m級車両が「京王標準スタイル」として定着したのです。150形は登場時、唯一のクロスシートでした。

1931（昭和6）年に御陵線が開通すると、皇族用の貴賓車・500形が1両、製造されました。明かり取り用の窓が付いていない京王初のシングルルーフで、アーチ型の飾り窓を持ち、トイレまで設置されていましたが、省線（現・JR中央線）に皇族専用駅が造られたことで使われなくなり、1938（昭和13）年に３扉の一般車に改造されました。

1933（昭和8）年に125形、1934（昭和9）年に200形、1936（昭

長期にわたって活躍した14m級車

和11）年に300形と14m級の増備が進み、1941（昭和16）年に400形が製造されました。当初は資材不足のため、モーターなしの制御車でしたが、1942（昭和17）年に電動車とされています。この400形が、京王最後の14m級新造車両になりました。

■戦災復旧車が復興に活躍

1944（昭和19）年に京王電軌が東京急行電鉄に合併されると（いわゆる大東急）、京王の電車は頭に2を付けた形式番号とされ、1形はデハ2000形、200形はデハ2200形、400形はデハ2400形などとなったのです。分離後もこの番号はそのまま引き継がれました。

戦災で大きな被害を受けた京王の14m級車両は戦後の混乱期、焼けた車体をそのままに、とにかく「動けるように」修理されて、次々と線路上に戻ってきました。これらは戦災復旧車と呼ばれ、戦前製の14m級車は、復興に大きな力を果たしたのです。

14m級の多くは16、17m級車両の投入に伴い、1959（昭和34）年以降、モーターを外されて付随車として編成の中間に組み込まれることになります。しかし、一部の車両は1500V昇圧対応工事を受けて使われ続けました。改造された14m級付随車が京王線での運用を終えたのは1968（昭和43）年11月、昇圧された車両が支線から全廃されたのは1969（昭和44）年9月のことでした。

マメ蔵

半鋼製車……車体は金属製の骨組や外板で造られ、車内のいすや側板、天井などが木製とされた車両のことです。昭和20年代以降、安全上の観点から内装も金属が使われるようになり、半鋼製車は姿を消していきました。

競馬場線の区間列車で活躍した14m級車

引退した車両の功績

京王電鉄のイメージを一新した5000系はローレル賞を受賞

1963年に登場した5000系は、アイボリーホワイトに赤帯の斬新な塗装で、京王線のイメージを一新し、「画期的な名車両」と高く評価されました。

■アイボリーに赤帯の斬新な塗装

5000系は1963（昭和38）年に行われた京王線の1500V昇圧にあわせて、京王帝都電鉄（当時）のイメージを一新し、斬新な車体デザインと画期的な高性能を持つ新型車両としてデビューしました。当時の京王線は、沿線に軍の施設や軍需工場が集中していたことから戦災の被害が大きく、戦前製の戦災復旧車を長く使いながら、車両や施設の復旧・近代化に努めてきました。その総仕上げとして投入されたのが、アイボリー1色の明るい車体に赤帯を巻いた、5000系だったのです。

京王線の車両としては初めて、正面貫通扉を持ち、運転室の窓には視認性の優れた**パノラミックウィンドウ**が採用されました。18m級片開き3扉で、裾を絞った車体幅は1・2次車が2700mm、3次車以降が2800mmと、2000系の2600mmから大きく広げられ、ゆとりの車内スペースを生みました。ベージュを主体とした内装にはメラミンパネルが張られ、窓枠とドアの内部にはアルマイト処理を施し無塗装とするなど、省メンテナンス化も図られました。

電気機器類は2010系と同様のカルダン駆動ですが、モーター出力を110kWから130kW（のちに150kW）に増強。京王線としては初めて、乗り心地のいい空気ばね台車も採用されています。

京王線の名車として語り継がれる5000系。当初は正面脇に「ひげ」を入れていた

■京王線のシンボルとなった5000系

新宿地下駅の完成、1500V昇圧、そして5000系の導入により、京王線のイメージは一新されました。引き続き行われた新宿～東八王子間を40分で結ぶ「特急」の運行も、5000系の登場によってなされた成果です。5000系は優れた通勤車両に贈られる「ローレル賞」を受賞。1968（昭和43）年から冷房装置も搭載されました。

1969（昭和44）年までに155両が製造された5000系は、「京王線のシンボル」として長く活躍したのち、1996（平成8）年12月、惜しまれながら京王線内での運行を終了しました。

マメ蔵 **パノラミックウィンドウ**……運転室正面の窓に曲面ガラスなどを用いて運転士の視界を拡げたスタイルです。1961年に製造された国鉄のキハ82形やクハ153形が採用して好評だったことで、多用されるようになりました。

5000系の車体幅（イメージ）

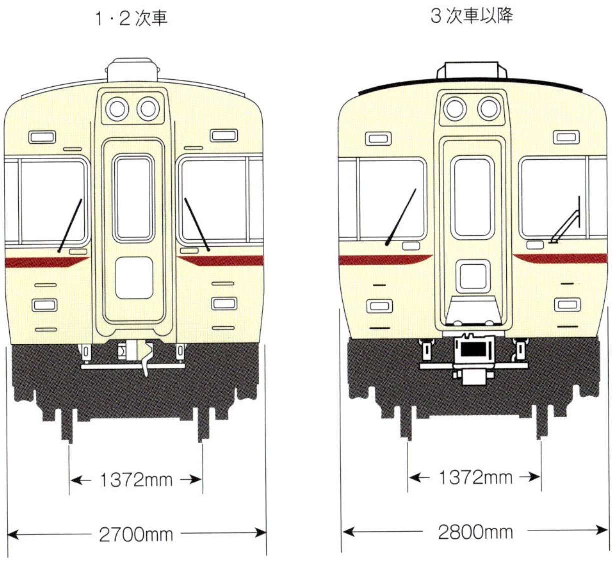

引退した車両の功績

通勤輸送に大活躍した6000系 バリエーションの多さも魅力

1972年に登場した6000系は、初の20m級・両開き4扉を採用。T型ワンハンドルや回生ブレーキなどを装備して、「京王標準型」の礎となりました。

■ 前面窓は左右で異なる非対称

6000系は、都営地下鉄10号線（現・新宿線）への相互乗入れを念頭に置いた車両として設計され、1972（昭和47）年に京王帝都電鉄（当時）初の20m級・両開き4扉車としてデビューしました。5000系に比べて直線的なデザインを採用し、前面窓の大きさが左右で異なる「非対称」形が大きな特徴です。側窓は1段下降式とされました。6000系は車体幅が地下鉄トンネルの断面にあわせて5000系より20mm狭くなりましたが、車内寸法を同じ2600mm確保するために取られた方策です。塗装は5000系同様にアイボリーにえんじ帯とされましたが、2002（平成14）年に、8000系と同じ「京王ブルー」と「京王レッド」に改められました。

運転装置には、自動車のアクセルにあたる力行《りっこう》と、ブレーキを共用としたワンハンドルマスコン（主幹制御器）が採用されました。また、1972（昭和47）年製の第1次車は、従来型の発電ブレーキ付き直並列抵抗制御方式で製造されましたが、1973（昭和48）年の第2次車以降は回生ブレーキ付き界磁チョッパ制御に改められています。ワンハンドルマスコンと回生ブレーキは7000系以降の車両にも引き継がれ、20m級・両開き4扉とともに、のちの「京王標準型」の礎になりました。

京王線の主力として活躍した6000系は、京王電鉄初の20m級両開き4扉車

おもに競馬場線で運転されたリバイバルカラーの6000系

■唯一の5扉車もバリエーションに

6000系は都営地下鉄乗入れ用以外にも、特急から支線の各駅停車まで、さまざまな運用に対応できるように、2・3・5・6・8両編成が新製され、のちの組み換えによって4両編成、8＋2の10両固定編成も登場しています。

1972（昭和47）年から、あわせて304両が製造された6000系のうち、1991（平成3）年、最後に製造された20番台の5両編成4本は、京王唯一の**5扉車**とされました。京王線明大前ホーム中央部にある井の頭線との乗り換え階段付近の混雑が激しく、スムーズな乗降を行うために、5扉車は前後に2・3両編成をつないだ10両編成で、階段付近にあたるようにと考えられたのです。5扉車のうち1編成はワンマン化されて動物園線専用車となり、2011（平成23）年3月まで運行されました。これが6000系にとって、最後の営業運転となったのです。

マメ蔵 **5扉車**……18m級3扉車が主流の京阪電鉄で、5000系に初めて採用され、日比谷線用の東京メトロ03系や東武20050系の一部にも使われました。乗車位置が4扉車とずれる20m級では、京王6000系が唯一の存在です。

京王6000系　4扉と5扉のドアの位置（イメージ）

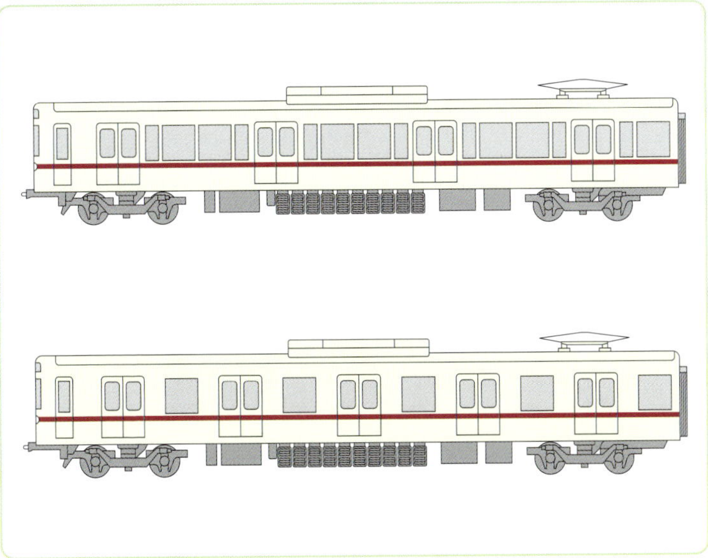

引退した車両の功績

50年にわたって井の頭線で大活躍 元祖レインボーカラーの3000系

井の頭線に1962年、京王初のオールステンレス車として登場した3000系は、レインボーカラーを前面にまとい、50年にわたり大活躍しました。

■強化プラスチックを採用した「湘南スタイル」

3000系は1962（昭和37）年に井の頭線に入線した、京王帝都電鉄（当時）初のオールステンレス車です。前面は大型2枚窓の「湘南スタイル」で、強化プラスチック（FRP）を採用して、編成ごとにブルーグリーンやアイボリーなど、7色の**レインボーカラー**に塗り分けられました。翌年度の鉄道友の会「ローレル賞」を受賞しています。

3000系は登場時4両固定編成で、第1・2編成は18mの1200mm片開き3扉で、第3編成以降は車体幅を拡げ、裾を絞ったスタイルの18.5m1300mm両開き3扉車として製造されました。1966（昭和41）年の第10編成からは回生ブレーキ付きに、1969（昭和44）年の第14編成以降は冷房装置を搭載。1975（昭和50）年の第16編成以降は5両固定、回生ブレーキ付き界磁チョッパ制御方式で新製されています。第10～15編成ものちにこの方式に改められています。3000系は1988（昭和63）年までに29編成、あわせて145両が製造されました。

■1000系にあわせたリニューアルを実施

1995（平成7）年の1000系の登場にあわせ、3000系も比較的製造年度の新しい第16編成以降の車両がリニューアルされることになりました。

前面のFRP部分を普通鋼に改め、パノラミックウィンドウに改造された3000系

前面のFRP部分を普通鋼に改め、運転台の窓ガラスを大きくして側面まで拡げたパノラミックウィンドウに改造しました。ただし、伝統のレインボーカラーは維持され、側面にも前面と同じ色調の濃淡2色の帯が巻かれるようになりました。車内は座席を1000系タイプのローズピンクのバケットシートに替え、内装はホワイト主体の明るいものに変更されています。1997（平成9）年までに14編成・70両がリニューアルされました。

長く「井の頭線のシンボル」として親しまれた3000系ですが、乗客の増加と全車両ATC搭載、VVVF化の流れを受けて、残った車両も2008（平成20）年以降、1000系に置き換えられることになりました。

3000系の最終運行は2011（平成23）年12月。50年にわたって、井の頭線のイメージアップにも大きな役割を果たした3000系は、惜しまれながら渋谷～吉祥寺間から姿を消しました。

マメ蔵

レインボーカラー……3000系の前面上部の塗色は、ブルーグリーン、アイボリー、サーモンピンク、ライトグリーン、バイオレット、ベージュ、ライトブルーの7色でした。

3000系の車体幅（イメージ）

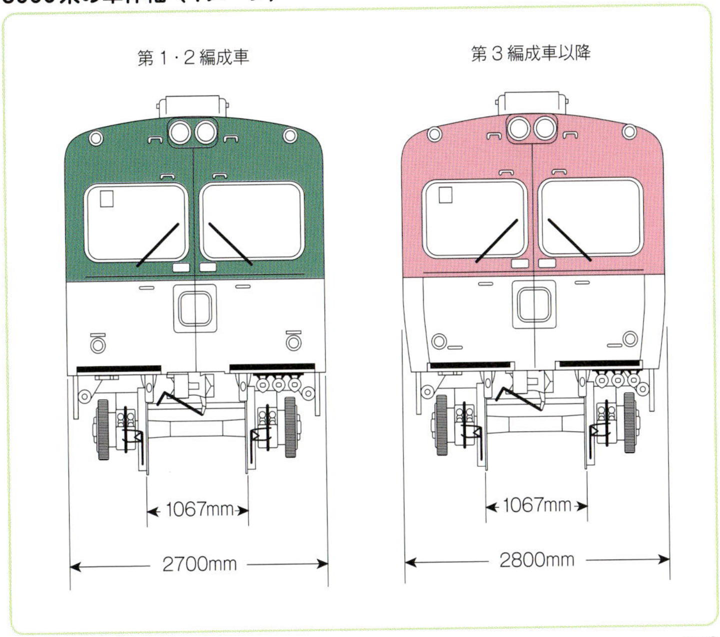

現役の事業用車

縁の下の力持ち 6000系の面影が残るデワ600形

デワ600形は6000系電車を改造した事業用車で、2004年に3両が投入され、紅白のゼブラマークをかざして活躍しています。

■6000系から3両が改造されて登場

デワ600形は事業用車と呼ばれ、資材運搬用の貨車や検測車の牽引などに使われる車両です。一般乗客を乗せて走ることはありません。2004（平成16）年11月に、6000系のデハ6107をデワ601、デハ6407をデワ621、デハ6457をデワ631に、それぞれ改造した3両が投入され、昼夜を問わず活躍を続けています。

おもな改造点は、デワ601の場合、クハ6707の運転室部分を切断のうえ、中間電動車だったデハ6107に取り付けて制御電動車化しました。クハ6707の客室部分は解体されています。京王八王子寄りの連結面にも簡易運転台と、密着自動連結器が取り付けられました。車内の座席は撤去されて、エアタンクと電動発電機が設置されています。また、床下には電動空気圧縮機（エアコンプレッサー）が新たに取り付けられました。

デワ621にも、新宿寄りに簡易運転台と密着連結器が設置されました。デワ631は種車のデハ6457自体が制御電動車だったため、大きな改造は行われていません。

6000系を改造したデワ600形。チキ290形やクヤ900形「DAX」をはさんで運転される

■紅白のゼブラマークが特徴

本線上での運行がなされるため、他の旅客用電車と同様に、2010（平成22）年に、ATCが搭載されました。

デワ600形の外観上の大きな特徴は、前面下部に、反射素材による紅白の縞模様の警戒塗装（**ゼブラマーク**）が施されていることです。デワ600形は、レール運搬車のチキ290形や、総合高速試験車クヤ900形「DAX」を中間にはさんで京王線上を行き来するなど、さまざまな業務についています。通常は高幡不動検車区に留置されています。

マメ蔵

ゼブラマーク……ゼブラとはシマウマのことで、縞模様に塗られた警戒色をいいます。かつての蒸気機関車や踏切などは黄色と黒が多かったのですが、視認性のよさから、近年は赤と白に塗り分けるケースが増えているようです。

デワ600形はゼブラ模様が特徴で、ATCも搭載している

現役の事業用車

レール運搬に大活躍する貨車チキ290形

チキ290形は1985年に製造されたレール運搬用の長物車。カーブ上でもレールの積み下ろしが可能な貨車で、レールの運搬・交換作業に大活躍しています。

■永久連結されたチキ291、チキ292

チキ290形は、おもにレール運搬用の「付随無蓋長物車」と呼ばれる貨車で、チキ291、チキ292の2両が1985（昭和60）年に東急車輛（現・総合車両製作所）で製造され、いまもデワ600形と編成を組んで、活躍しています。

チキ290形はTS-442というボギー台車をはき、全長14.75m、荷重は30tあります。チキ291とチキ292は棒連結器で永久連結化されていて、切り離されることはありません。それぞれに車体常設式の大型クレーンが取り付けられていて、カント（傾斜）の付いたカーブの上でも、レールの積み下ろしが可能という特長を持っています。レール以外でもバラストなどを積むこともできます。クレーンにはメインビーム（梁）のほか、長短2本のサブビームを持ち、サブビームを開いて使用する場合は、安全対策のため回転灯と補助ブレーキが自動的に作動するようになっています。

■紅白のゼブラマークを貼り付け

デワ600形と同様に、クレーンの側面などに紅白のゼブラマークが貼り付けられています。

以前は1953（昭和28）年製造の電動無蓋貨車・デト210形とペアを組んでいましたが、1995（平成7）年のデト210形廃車以降は5000系改造の事業用車デワ5000系と、2004（平成16）年にデワ5000系も廃止されて以降は、デワ600形にはさまれて運転されることになりました。通常は、高幡不動検車区に留置されています。

なお、チキ290形、デワ600形ともに、運転日は公表されていないことから、運用は謎で神出鬼没です。昼時間に巡り合えたら、かなり運がいいといえます。

マメ蔵

チキ……「チ」は国鉄からJRを含めて長物車を表す用途記号で、木材の「Timber（チンバー）」から取ったとされています。「キ」は、積載重量25t以上の車両を表しています。

ゼブラ模様のクレーンを装備した長物車はカーブの上でもレールの積み下ろしが可能

レール積み降ろし用のクレーンを装備しているチキ290形

通常、チキ290形は、デワ600形の中間に連結されている

特急

現役の事業用車

「動きながら分析が可能な高速列車」DAXは安全を守る働き者

「DAX」は2008年に導入された総合高速検測車。軌道・架線の状態を普通の列車と同じスピードで走行しながら検測できる、優れた車両です。

■ 高速走行しながら軌道と架線を同時に計測

京王線では以前、軌道の状態の確認にはモーターカーが引く接触式測定器を備えた**検測車**を使い、軌道の狂いによる車両の動揺などは電車に動揺試験機を載せて測定していました。また、架線の検査は軌陸車（道路と線路の両方を走れるトラック）を使って行っていました。しかし、軌道検測車・軌陸車ともスピードが遅く、実際に走行する電車と同じ条件での測定は不可能でした。

この状況を改善するために、2008（平成20）年に総合高速検測車を新たに製造し、京王線に導入しました。クヤ900形と形式番号が付けられた検測車には、「Dynamic Analytical eXpress（動きながら分析が可能な高速列車）」の大きなロゴが描かれ、「DAX」の愛称も付けられました。「DAX」は軌道と架線を同時に、しかも他の電車が走っている昼間でも検測することを可能にしたのです。

クヤ900形が本線で検測をするときは、デワ600形にはさまれて走行する

■デワ600形にはさまれ走行

「DAX」の車体は9000系に似たイメージの平滑なステンレス製で、「京王ブルー」と「京王レッド」の帯を巻いています。長さは19.5m、両側に簡易運転台が設けられています。ただし、これは構内走行用のもので、実際の本線上での検測走行時には、デワ600形にはさまれた編成を組んで運転されています。

架線検測用のパンタグラフには、京王電鉄の車両としては唯一、下枠をX字形に交差させた構造の菱形のパンタグラフを採用しています。

マメ蔵

検測車……DAX同様の機能を持った検測車として、関東の大手私鉄には小田急クヤ31「TECHNO-INSPECTOR(テクノインスペクター)」、東急7500系「TOQi(トークアイ)」などがあります。

軌道と架線を同時に検測できる機能を持つ「DAX」

京王線と井の頭線の電車 微妙な違いを比較してみると…

京王線と井の頭線の電車には、細かく調べるといろいろ細かい「違い」があることに気付きます。けれど、その理由は「よく分からない」ものばかりです。

■ 床下機器の取り付け方向が逆

同じ京王電鉄の路線でも、京王線と井の頭線には、ゲージ（軌間）が違うのはもちろん、電車のあちこちにも微妙な「違い」があります。

たとえば床下機器ですが、京王線では起点の新宿から見て進行方向（下り電車）の左側に電気機器、右側に空気関連機器が取り付けられています。これに対して井の頭線では、起点の渋谷から見て左側に空気関連機器、右側に電気機器と、逆に取り付けられているのです。ただし、例外もあって、京王線でも9000系と7000系VVVF車両の場合、電気機器のメインである主制御器が、なぜか新宿駅から見て右側に取り付けられています。

その、主制御器のメーカーにも違いがあります。京王線には長く日立製作所、井の頭線には東洋電機製造の製品が使われていました。戦後、京王帝都電鉄となってからも井の頭線の電車には3000系まで東洋電機製造の主制御器が採用されていました。1000系になってようやく、第1・2次車の偶数号車が日立製作所製とされましたが、第3・4次車ではふたたび全車が東洋電機製造製に戻されました。第5次車以降は全車、日立製作所製とされ、ようやく京王線と井の頭線の「違い」がひとつ、解消されました。

幅いっぱいに進行方向左側に寄っている京王線の運転台

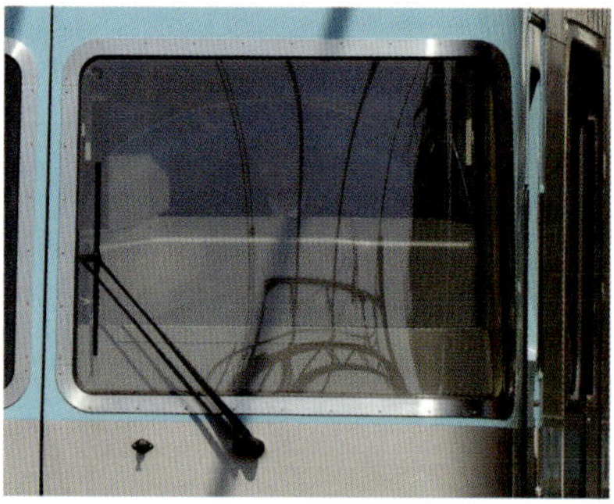

井の頭線の運転台は左側に人間１人が立てるほど中央に寄っている

■ 運転台の位置に微妙な差

車両を管理するための番号の付け方も違います。たとえば京王線の8000系・第21編成で見ると、起点の新宿寄りに「8721」という若い番号が付き、終点の京王八王子寄りは「8771」になります。これが井の頭線の1000系・第21編成だと、起点の渋谷寄りが「1771」、終点の吉祥寺寄りが若い「1721」と、これまた京王線と逆になっているのです。

乗客の立場からは分からないことですが、京王線、井の頭線両方の電車を運転したことがある経験者によると、車体幅が同じ2800mmの車両でも、運転台の位置が微妙に違うそうです。京王線は幅いっぱいに進行方向左側に寄っていて、井の頭線は左側に人間1人が立てるほど中央に寄っているといいます。それでも、ハンドルを握って前方を目視すると、どちらの電車も線路の位置が同じに見えることが、不思議に思えたそうです。

いずれの「違い」も、その理由はよく分かりません。

マメ蔵 **京王電鉄の車両番号**……千の位は系統の種別で、1・3が井の頭線、2・5～9は京王線用です。百の位は車種を表し、0～3が中間電動車、4が制御電動車、5・6が付随車、7・8が制御車とされています。

京王線の車号　7000系　7725編成　左が新宿寄り　右が京王八王子寄り

井の頭線の車号　1000系　1706編成　左が渋谷寄り　右が吉祥寺寄り

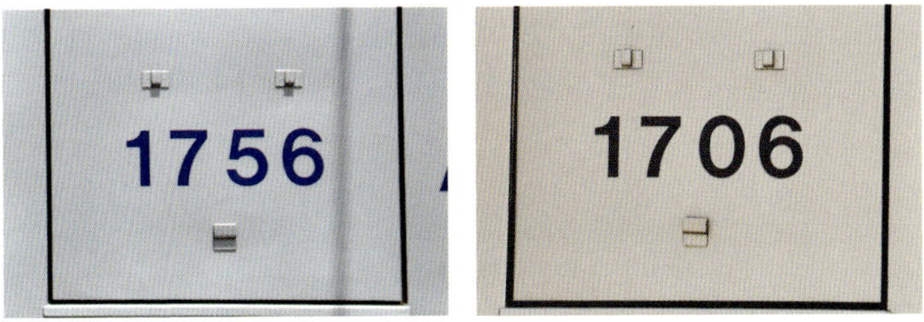

京王線では起点側が若い番号になっており、井の頭線では終点側が若い番号になっている

特急

車両を再生する会社 京王重機整備の「力」

京王グループの京王重機整備は「車両再生会社」として高く評価され、改造工事を受けて生まれ変わった京王電鉄・東京地下鉄・名古屋市交通局の車両が全国で活躍しています。

■国内有数の「車両再生会社」

京王グループに属する**京王重機整備**（本社・東京都渋谷区幡ヶ谷）は、鉄道車両の整備・改造をおもな業務に掲げる会社です。若葉台事業所では京王線・井の頭線の車両の全般・重要部検査を中心に、北野事業所では台車整備や輪軸加工、鉄道用車両の冷房装置の点検・整備を行っています。また、塩尻事業所（長野県）は、地方鉄道の台車・部品整備のほか、消防車の架装工事など特殊車両にも実績があります。

とくに注目されるのが、工事部が行う、京王電鉄などで廃車になった電車を、各鉄道会社のニーズにあわせて新車同様に改造し、提供するという「車両再生会社」としての役割です。その数は、2012（平成24）年3月現在、全国で通算200両にも達しています。

京王重機整備は、他社車両の改造も手がける。写真は元第三軌条方式の名古屋市営地下鉄の車両に、パンタグラフを取り付けた高松琴平電気鉄道600形

■ゲージの異なる車両を自在に再生

京王重機整備が初めて譲渡車両を納入したのは、1984（昭和59）年。京王帝都電鉄（当時）2010系が、伊予鉄道800系に生まれ変わったときでした。その後、京王5000系が伊予鉄道700系、一畑電気鉄道（現・一畑電車）2100系・5000系、富士急行1000形・1200形などに。京王3000系が北陸鉄道8000系・7700系、上毛電気鉄道700型、松本電気鉄道（現・アルピコ交通）3000系などに、それぞれ姿を変えています。

車種は「勝手知ったる」京王の車両ばかりにとどまりません。帝都高速度交通営団（現・東京地下鉄）銀座線の2000形は、日立電鉄2000・3000形や銚子電鉄デハ1000形に、名古屋市交通局のさまざまな形式が高松琴平電気鉄道600形・700形に、それぞれ再生されているのです。

京王重機整備が地方の中小私鉄から高い評価を得ているのは、ゲージの違いなどを乗り越えて「適材適所」の車体と台車・電装品の組み合わせを行ってきたこと。短編成化や内装の変更といった多様なニーズに応え続けてきたことにあります。

マメ蔵

京王重機整備……1943年に笹塚自動車工業として設立され、49年に京王グループ入りして京菱モーター、のちに京菱ディーゼル工業、京菱小松ディーゼル工業と改称し、62年からいまの社名になりました。

京王3000系を改造した上毛電気鉄道700型

高評価の京王線のOB車両は地方鉄道でも大人気

京王の電車が初めて譲渡されたのは、伊予鉄道への2010系でした。5000系も一畑電車、富士急行などへ移り、わたらせ渓谷鐵道では「トロッコ客車」になりました。

■ 1067mmゲージの台車に換装

京王電鉄の車両が初めて他社に譲渡されたのは、2010系が伊予鉄道の800系となった1984（昭和59）年のことでした。2010系はもともと1372mmゲージの京王線用でしたが、1067mmの伊予鉄道で使用するため、電動車には井の頭線用の初代1000系の台車を再利用、付随車にはオリジナルの台車が用意されました。伊予鉄道は1987(昭和62)～1994(平成6)年、5000系をやはり改軌のうえ700系として28両を譲り受けています。台車・電装品は東武鉄道、小田急電鉄などのものが使われました。

5000系は一畑電気鉄道（現・一畑電車）にも1994（平成6）～1995（平成7）年、8両が譲渡されています。こちらは2100系を名乗り、営団（現・東京地下鉄）3000系の台車や電装品を流用しました。一畑電鉄は1998（平成10）年には、さらに2両を増備して、2扉化のうえ小田急ロマンスカー・3100形NSEのクロスシートを載せ、観光用の5000系としました。前面を非貫通化し、オリエント急行風のベージュとロイヤルブルーのツートン塗装を施すなど、2100系とは大きくイメージを変えています。

■ わたらせ渓谷鐵道のトロッコ客車にも

富士急行も京王5000系を導入した会社のひとつです。1994（平成6）～1996（平成8）年、18両を譲り受け、一部はセミクロスシートに改造されています。

変わり種は、わたらせ渓谷鐵道の「**トロッコ列車**」として5000系を改造した、わ99形5010、5020です。窓、側扉などがすべて取り外され、木製のテーブルやベンチシートが並ぶ車内には、もはや「通勤電車」の面影はありません。

マメ蔵

わたらせ渓谷鐵道のトロッコ列車……塗装はもちろん、車体外部や内装も大きく姿を変えていますが、車体裾の絞りや屋根のカーブに、5000系中間車の面影をしのぶことができます。銘板にも「デハ5050」の文字があります。

18m級3扉車は地方私鉄の定番
第二の人生を歩む名車5000系

京王 5000 系の車体と営団（現・東京地下鉄）3000 系の足回りを流用した富士急 1000 形

わたらせ渓谷鐵道の「わ 99 形トロッコ」車両も元京王 5000 系

特急

ローカル私鉄から引く手あまた小回り利く井の頭線の車両

3000系は丈夫なステンレス車体と1067mmゲージだったことで使い勝手がよく、多くの私鉄から人気を博しました。先頭車不足で、運転台を新製した会社もあります。

■ 両運転台への改造で単行も可能に

井の頭線用の3000系は、手ごろな18m級サイズと丈夫なステンレス製の車体に加え、1067mmゲージの足回りもあって、地方私鉄からは5000系を上回る人気を得ました。

3000系が最初に譲渡されたのは北陸鉄道で、1996（平成8）年から2両5編成計10両が8000系8800・8900番台となりました。8800番台は3000系初期型の狭幅車で、8900番台は広幅車という違いです。北陸鉄道用の3000系は、廃車になった中間車の電装が先頭車に移されました。導入された浅野川線は、8000系の導入を機に1500Vに昇圧しています。

1996（平成8）～1997（平成9）年に岳南鉄道7000形になった3両は、中間車の両側に新たに運転台を取り付けて、単行運転の可能な車両になりました。岳南鉄道は2002（平成14）年にも、片運転台2両1編成を、8000形として導入しています。

北陸鉄道浅野川線の8000系。裾絞りのない元京王3000系の第1・2編成も現役

■先頭車不足で運転台を新製

上毛電気鉄道は1999（平成11）～2000（平成12）年、700型として2両8編成、あわせて16両の譲渡を受けています。5編成は先頭車2両のうち1両を電装化。3編成は中間電動車6両に運転台を取り付けた後、片方の電装を外すという方式で、すべて「**1M1T**」の2両編成にそろえられました。

松本電気鉄道（現・アルピコ交通）への譲渡は、1999（平成11）～2000（平成12）年の8両でしたが、このころになると人気の3000系は先頭車が不足していて、中間車の片側に、3000系の更新車に似た大型のパノラミックウィンドウを新製して取り付けたものです。それまでの譲渡車とはだいぶ印象が異なっています。

マメ蔵

1M1T……電車の車種を表すとき、電動車はM、付随車はTとされます。1M1Tは、2両編成で1両が電動車、もう1両が付随車の意味です。10両編成で電動車4両・付随車6両なら、4M6Tとなります。

岳南鉄道の7000形は、元京王3000系の中間車の両側に運転台を取り付けた

5章 京王電鉄トリビア

京王グループは多彩なサービスを展開しています。
ここでは、京王の知って驚く数々のエピソードや、
気軽に楽しめる知識・雑学をご紹介します。

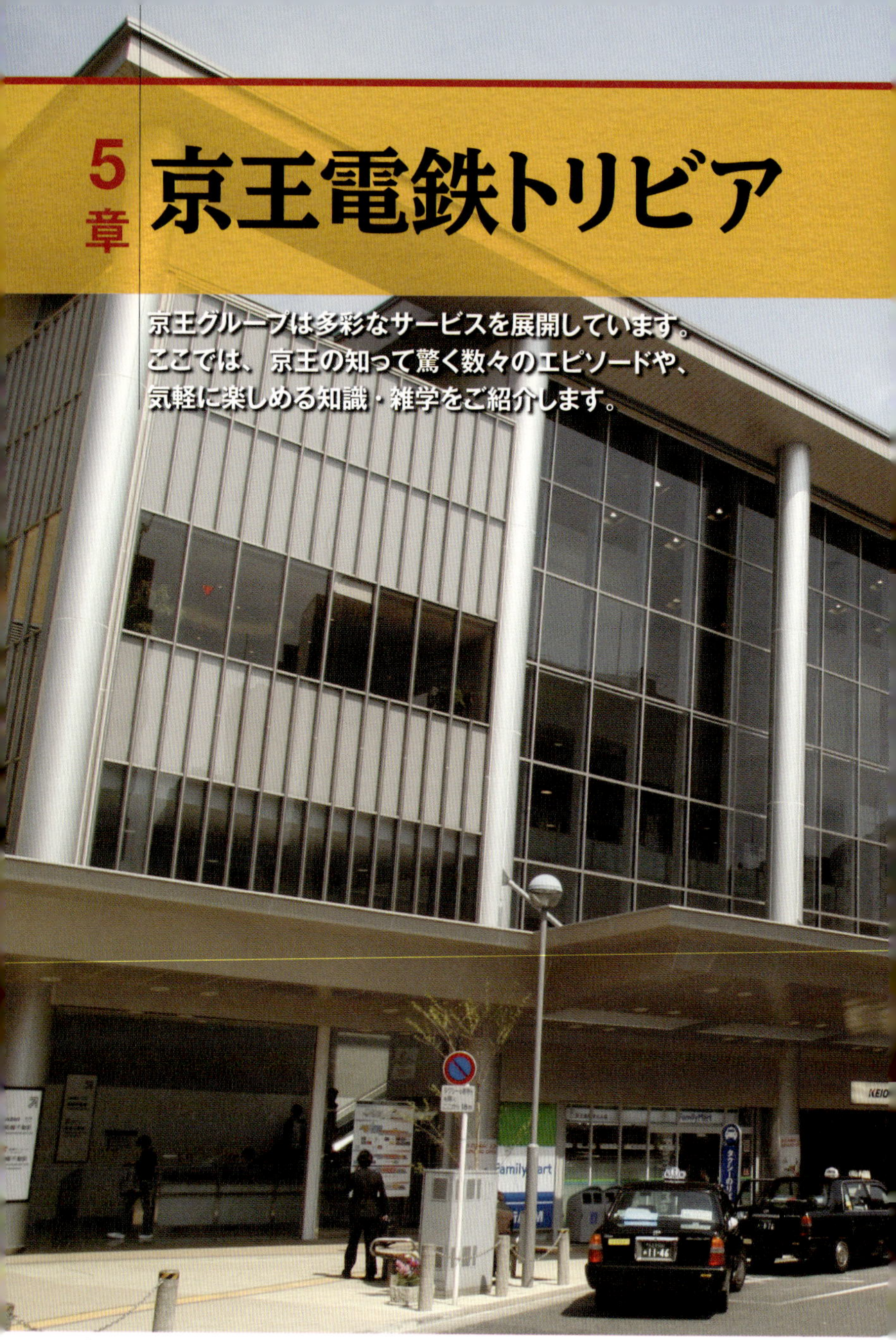

KEIO
新代田駅

京王高幡SC
京王高幡SC

「元気な会社」を象徴する歴代ロゴマーク

京王のロゴマークは「K」や「京」、「帝」の図案化などを経て、社名とロゴを一体化した「KEIO」デザインに、1989年、改められました。

■ロゴマークと社名を一体化

いまの京王電鉄のロゴマーク、京王ブルーと京王レッドの「KEIO」ロゴは、京王帝都電鉄時代の1989（平成元）年11月24日に制定されたものです。すがすがしく活気に満ちた、**新しい京王のイメージを浸透**させるために、ロゴマークと社名を一体化させたものです。

「KEIO」の文字には、緩い斜体がかけられています。これは、前進性と積極性、スピード感とダイナミズム（活力）を示すためのデザインだとされています。カラーではほぼ全体が京王ブルーで、「K」の文字の右上のアクセント部分だけが京王レッドとされています。モノクロ表記の場合は、その部分を6本のアクセントストライプラインにしています。

社名は1998（平成10）年7月1日に「京王電鉄」と改称されましたが、それを先取りするかたちで制作された「KEIO」ロゴは、もちろん引き続き、京王グループ全体のロゴマークとして使われています。

1989年に制定された現在のロゴマーク

■長く親しまれた「京」の図案化

京王電気軌道の創業時の社紋・社章は、アルファベットの「K」を丸で囲んだものでした。のちに中央に漢字の「京」、周りを「王」を丸く変形させて囲んだものに変更されています。子会社だった玉南電気鉄道は、中央にデフォルメされた漢字の「南」、それを丸く変形させた「王」の字が囲み、下に小さな「玉」のテンを置いたものでした。合併した武蔵中央電気鉄道は、漢字の「中」の縦棒がレールの形にされ、丸いアルファベットの「M」をあしらっています。帝都電鉄は漢字の「帝」を円形にデフォルメしたものでした。また、合併当時の東京急行電鉄の社紋・社章は、翼の生えたレールを、円が囲むというものでした。

1948(昭和23)年の分離から、長く親しまれてきた京王帝都電鉄の社紋・社章は、漢字の「京」を図案化したもので、左右外側の「()」は、車輪を形象化し、あわせて社員全員の協力体制を表したものとされています。

マメ蔵

新しい京王のイメージ浸透……沿線乗客への広報紙として月刊の『京王ニュース』、隔月刊の沿線タウン誌『あいぼりー』などを発行し、さまざまなイベントの開催や、環境保全への取り組みなどを紹介しています。

歴代のロゴマーク

京王電気軌道
[創業当時]

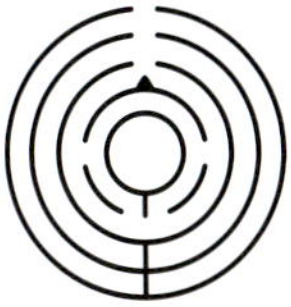
京王電気軌道

玉南電気鉄道

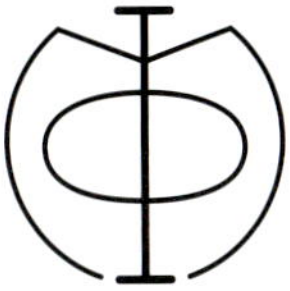
武蔵中央電気鉄道

帝都電鉄

東京急行電鉄
[大東京]

京王帝都電鉄

京王電鉄がテレビドラマやCMに登場することが多い理由

京王電鉄の沿線には映画の撮影所やドラマのスタジオが多く、高級住宅街のイメージが強いこともあって、映画やドラマ、CM 撮影のロケ地によく利用されています。

■ 府中競馬正門前駅と競馬場線は撮影名所

京王線と井の頭線の沿線には古くから**映画の撮影所**があり、いまも京王多摩川駅の近くには日活と角川大映の撮影所、京王よみうりランドには生田スタジオがあります。そのこともあって、京王電鉄は以前から、映画やドラマ、CMなどの撮影を数多く受け入れてきたのです。沿線に高級住宅街が多かったり、井の頭公園などに緑の風景が広がっていて、ロケがしやすい環境が整っていることも理由です。

平日昼間の利用客が少ない府中競馬正門前駅ホームと、競馬場線の車内がよく撮影に利用されています。近年ではファッション誌、バラエティー番組などに、府中競馬正門前駅が登場しています。

最近は、広い近代的なコンコースを持つ飛田給での撮影も増えています。グッドデザイン賞を受賞した近代的な駅舎を利用したシーンも、よく見られるようになりました。

CM のロケ地に利用される府中競馬正門前駅のホーム

■アニメーション映画の舞台にも

沿線施設でのロケも数多く行われています。古い建物が残り、多くの植物が茂る京王百草園はドラマや園芸番組に、花々が咲き誇る京王フローラルガーデンアンジェも、CM撮影などの好適地です。また、井の頭公園も、むかしから青春ドラマの舞台としてよく使われたロケ地で、小さな駅舎が主人公の男女の待ち合わせ場所になるのが「定番」でした。

営業列車内での撮影は、一般乗客を撮影しないことが条件とされていますが、映画、ドラマやCMの撮影では、貸切列車が用意されることがほとんどです。京王電鉄では有料で、構内や車内での撮影を受け付けていますが、ほかの乗客に迷惑をかけないことや、危険な行為は行わないことなどが、絶対の条件とされています。

実写以外でも、アニメーション映画『耳をすませば』(1995年)は聖蹟桜ヶ丘近くの住宅地や百草園のホーム、『平成狸合戦ぽんぽこ』(1994年)は京王永山、京王多摩センターに近い多摩ニュータウンの風景が、モチーフとされています。

マメ蔵

映画の撮影所……角川大映撮影所は1933年、日本映画多摩川撮影所として開所、1934～1942年は日活多摩川撮影所と呼ばれていました。いまの日活撮影所はこれとは別に、1954年に新しく造られた、調布市染地にある施設です。

井の頭公園もドラマの舞台としてよく知られている

乗車したら見たい！
京王独自の黄緑色の吊り輪

一部の電車に設置されている黄緑色の吊り輪は、かつて電車の分割・併合が行われていたころの名残で、乗客へのアナウンス時に分かりやすいようにと採用されたものです。

■ 黄緑は付属編成用、白は基本編成用

京王電鉄の車両の吊り輪には、通常の白色のもののほか、黄緑色のものがあります。これは、かつて途中駅で分割・併合が行われていたころの名残で、一般的に長い6両の基本編成が白色、短い4両の付属編成が黄緑色とされていました。そうしておけば車内アナウンスで、たとえば「黄緑色の吊り輪の車両は京王八王子行き、白い吊り輪の車両は高尾山口行きとなります」と、**分かりやすい案内**が可能だったからです。乗客の視点に立ったこの「色違いの吊り輪」は、乗務員からのアイデアによるものだったと伝えられています。

京王線の分割・併合は2006（平成18）年、土休日ダイヤの高幡不動での京王八王子行き・高尾山口行き併結特急の廃止以降なくなり、黄緑色の吊り輪も、車内のリニューアルにあわせて白色に取り換えられるものが増え、だいぶ数が少なくなりました。

黄緑色の吊り輪は、特急が分割運転をしていたときの、誤乗車を防ぐための工夫の名残

■ドア部分を分かりやすくした工夫

おもに7000系に施されている車内のリニューアルは、もちろん黄緑色の吊り輪の交換だけにとどまりません。「乗客の利便性を高める」という目的のもと、さまざまな更新工事がなされています。たとえば、ドア部分の足元と、両開き扉があわさる部分の縁には、黄色い帯の貼り付けがなされるようになりました。これは、目の不自由な乗客などに、ドア位置を分かりやすく知らせるためのものです。さらに、優先席を明確化するために、優先席付近の吊り輪をオレンジ色に改め、座席の色を変えた「おもいやりぞーん」を車内に設置しています。吊り輪については、握り部分の位置もつかまりやすいように低くされたところもあります。ドア上などに、新たに吊り輪を増やした車両もあります。

以前は丸形で、進行方向と平行に下がっていた吊り輪ですが、最近は握りやすい三角形で進行方向と直角の向きに取り付けられているタイプに、改められています。

マメ蔵

分かりやすい案内……京王線には途中駅で列車種別が変更される運用があります。誤乗防止のため、たとえば、発車時点では行き先を「準特急北野」「北野から各駅停車高尾行き」と交互に表示し、北野で「各停高尾山口」に切り替えるなどの方策を取っています。

ドアの足元と、扉があわさる部分に黄色の帯の貼り付けをして、ドアの位置を分かりやすくした

おもいやりぞーんには、オレンジ色の吊り輪を設置

京王電鉄のマナーポスターにはどんなものがある？

京王電鉄は 1998 年から、マナー啓発ポスターに「川柳」を取り入れました。公募は 48 回を数え、すっかり定着しました。

■「マナー川柳」公募に3000句

京王電鉄は1998（平成10）年11月から、マナー向上を呼び掛けるための方策として、駅張りや車内の中吊りポスターに「マナー川柳」を展開しています。**ポスター**などには、漫画家・やくみつるさんのイラストを添えて展開しています。「マナー川柳」を取り入れたのは、「マナー啓蒙が押しつけにならないように」「嫌みに感じられないように」「興味を持っていただけるように」の3つの理由からだったといいます。

京王電鉄と乗客がともにマナーを考えるという観点から、開始時はコピーライターが作成していた川柳を、2001（平成13）年10月からは、一般公募に切り替えました。当初は年4回、現在は夏と冬の年2回、募集が行われ、近年は1回の応募が3000句を超えるほどの人気となっています。2009（平成21）年には、関西の阪急電鉄とタイアップし、東西の「横綱」「大関」「関脇」をそれぞれ選んでいます。

■新たな「学生の部」には1175句

10年目を迎えた2010（平成22）年には、特別企画として小・中・高校生を対象とした「学生の部」を新たに設けています。初回は1175句（一般2334句）の応募があり、最優秀作品に「着メロが／周りに響く／もう止メロ」が選ばれました。一般の部の最優秀作品は「詰め合わせ／一つの席を／プレゼント」という句でした。

すっかり社内外に定着した「マナー川柳」の審査には広報担当者のほか、鉄道部門の現業社員や役員も加わっています。2011（平成23）年12月に発表された第48回の最優秀作品には、一般の部「閑かさや／耳にしみ入る／音の漏れ」（府中市の男性）、学生の部には「ピリリリリ♪／犯人探し／周りの目」（多摩市の女子中学生）が選ばれています。

マメ蔵

ポスター……マナー川柳以外にも、「こんなところが、京王らしさ。いいね！をカタチに。鉄道の取り組み。」をキャッチフレーズに、駅長に扮した子どもの姉弟による紹介ポスターが、テーマを分けて掲示されています。

駅や車内のポスターに川柳を取り入れ マナーの啓発を促進

一般の部のポスター

学生の部のポスター

中吊り

ケーブルカーも運行している京王グループ

滝本～御岳山間を結ぶケーブルカー（全長1.1km）を運行する御岳登山鉄道は、京王グループの会社。東京都青梅市にあるJR青梅線御嶽駅が最寄りとなります。

■ 1934年に開業したケーブルカー

山頂に武蔵御嶽《みたけ》神社がある、東京都青梅市の御岳山《みたけさん》（標高929m）に登るケーブルカーを運行している御岳登山鉄道（本社・青梅市）は、京王グループ。路線は**JR御嶽駅**からバス10分・徒歩45分ほどの滝本～御岳山間で、標高差423.6mを6分で上下します。武蔵御嶽神社は、御岳山駅から徒歩25分ほどのところにあります。御岳登山鉄道は1927（昭和2）年に会社が設立され、1934（昭和9）年12月、滝本～御岳山間1.1kmにケーブルカーを開業しました。太平洋戦争の激化で1944（昭和19）年に営業を休止しましたが、1951（昭和26）年に運行を再開しています。1959（昭和34）年には御岳山～大展望台間のリフトも開業しています。

御岳登山鉄道は1972（昭和47）年に京王グループに加わりました。

現在の御岳登山鉄道のケーブルカーは、京王重機整備が2008年に製造

■新しい車体は京王重機整備が製造

御岳登山鉄道ケーブルカーの車両は、青い「青空」号と黄色い「日出」号で、いずれも2008（平成20）年に京王グループの京王重機整備が製造した新しい車体です。車内には「KEIO　京王重機　2008年3月」のプレートが張られています。

武蔵御嶽神社は崇神天皇7（紀元前91）年の創建と伝えられるほどの古い神社で、櫛麻智命（くしまちのみこと）などの神々が祀られています。中世以降、山岳修験の霊場として信仰を集めてきました。宝物殿には赤糸威大鎧（あかいとおどしのおおよろい）、金覆輪円文螺鈿鏡鞍（きんぷくりんえんもんらでんのかがみくら）の2点の国宝をはじめ、国の重要文化財3点など、多くの文化財が収められています。

山頂から関東平野が一望できることもあり、御岳登山鉄道ケーブルカーは、多くの参拝客や観光客でにぎわっています。

なお、高尾山の清滝～高尾山間にケーブルカーを運行している高尾登山鉄道は、京王電鉄も株主になっていますが、京王グループには属していません。

マメ蔵

JR御嶽駅……JR青梅線（立川～奥多摩間）の駅。青梅鉄道時代の1929年に開業し、1944年の氷川（現・奥多摩）への全線開業まで、終点でした。武蔵御嶽神社の参拝客向けに立川～御嶽間で、大みそかから元旦は、終夜運転も行われています。

御岳山駅からは、リフトで大展望台へ

2008年まで活躍していた旧型のケーブルカー

沿線の観光需要を呼び覚ませ！ 昭和初期のテーマパーク・京王閣

京王電気軌道は1927年、多摩川支線の終点に、日帰り一大総合レジャー施設、多摩川原遊園京王閣をオープンさせ、大人気を博しました。

■巨大な建物内に千人風呂や演芸場

京王電気軌道は1927（昭和2）年、多摩川支線の終点・多摩川原（現・**京王多摩川**）駅前の約5万3000㎡の土地に、多摩川原遊園京王閣をオープンさせました。郊外にレクリエーション施設を設けることで、乗客の安定的な確保と、経営の多角化を図ったのです。新宿追分などから入場料込みの往復割引きっぷも発売されました。

その中心施設が、鉄筋コンクリート3階建て・総床面積4600㎡の巨大建築・京王閣本館でした。

京王閣本館の内部には、子ども向けの遊戯施設を備えた広い遊戯室や、大人向けにはレビューなどが開催される演芸場、ビリヤード場、将棋室などが設けられていました。木製のいすとテーブルが並ぶ、洋風大食堂もありました。また、ローマ風の千人風呂には円形の巨大な浴槽が設けられ、一日に何度でも入浴ができたといいます。

現在の京王閣は競輪場となり、レジャーランドの面影はない

■日帰り一大総合レジャーランドに

屋外にはボートを浮かべた遊船池、プールやメリーゴーラウンドがあり、大運動場や野球場、テニスコート、ベビーゴルフ場などの運動施設も備えられていました。多摩川原遊園京王閣は、まさに大人も子どもも、家族そろって楽しめる、日帰り一大総合レジャーランドだったのです。

しかし、戦時体制が進むと、京王閣を訪れる人も少なくなり、休園ののち、多摩川原遊園の敷地と京王閣の建物は東京急行電鉄（大東急）時代の1947（昭和22）年、売却されています。「京王閣」の名は、1949（昭和24）年に跡地に建設された競輪場に引き継がれています。

京王帝都電鉄（当時）は1955（昭和30）年、京王多摩川駅の東側、2万3000㎡の敷地に京王遊園を開園しました。観覧車や回転飛行塔などを備えた遊園地で、「よい子の楽園京王遊園」のキャッチフレーズで人気を博しました。1971（昭和46）年に閉園し、跡地は京王テニスクラブとなっています。

マメ蔵

京王多摩川駅……1916年、砂利採取を目的とした支線の終点・多摩川原として開業しました。1937年に京王多摩川と改称、1968年に相模原線の建設を見据えて高架化され、1971年の京王よみうりランド延伸で途中駅となりました。

京王閣では青空市などのイベントも行われている

観光客に大人気！ 味も三つ星！ 「高尾山の冬そばキャンペーン」

毎年1～3月に行われる「高尾山の冬そばキャンペーン」は、2012年で10周年を迎えました。京王電鉄の駅で配布される「マップ」には、19店で使える割引券が添付されています。

■京王の駅にある「マップ」持参で割引

「高尾山の冬そばキャンペーン」は、高尾山の名産として知られる「高尾山とろろそば」の魅力をアピールするため、京王電鉄と、高尾山口駅前から山頂までの道筋にある19軒のそば店による実行委員会が主催して、毎年1月下旬から3月末にかけて行われています。2012（平成24）年で、10周年を迎えました。

とろろそばは大正期（1912～1926年）、ふもとのそば店が参拝・登山客に精をつけてもらおうと、かけそばにとろろをかけて出したのが始まりとされています。京王線・井の頭線の全駅で「高尾山そばマップ」が配布されますが、これには500円以上のそば・うどんの100円割引クーポンが3枚、添付されています。対象店舗で500円以上のそばを食べるとひとつスタンプが押され、3つ集めると京王グループの共通ポイントや高尾山商店会の商品券などが当たる抽選に応募できます。19店すべてのスタンプを集めると、「そば処19店制覇認定証」が贈られます。

キャンペーン初日には「振る舞いそば」として、先着250食が無料で提供されます。また、期間中に、店主たちが打った自慢のそばを神輿に載せて高尾山薬王院に献上する、「高尾山献上そば行列」も行われます。

高尾山のそば店では、名物の「とろろそば」を満喫したい

■「高尾山冬そば号」も運行

また、京王電鉄と東京都交通局（都営地下鉄）が協力して、「高尾山献上そば行列」開催日にあわせて大島～高尾山口間を直通する臨時電車「高尾山冬そば号」が運行され、こちらは2012（平成24）年2月4日で7回目を迎えました。前面にはヘッドマークが取り付けられ、北野～高尾間で引換券を配布して、高尾山口下車時に「オリジナルマイ箸」がプレゼントされるというものです。麻袋に入った箸には、「高尾山の冬そば」のロゴが入っています。

2012年は京王9000系10両編成が使われ、大島発午前9時40分、新線新宿発10時6分、高尾山口着11時8分という片道ダイヤでした。乗車に予約はいらず、都営新宿線内は各駅停車、京王線内では急行として運行されました。ちょうど**京王百草園**で梅まつりが開催されていたため、百草園にも臨時停車しています。

マメ蔵

京王百草園……享保年間（1716～1736年）、尼僧の寿昌院が再建した松連寺の境内に造られた日本庭園で、梅の名所として古くから知られています。名木・寿昌梅は彼女の手植えと伝わり、徳冨蘆花や若山牧水らも訪れています。

都営新宿線の大島始発の臨時電車「高尾山冬そば号」

コレクター垂涎のアイテム
京王電鉄の模型・玩具の楽しみ

京王電鉄の車両は、プラレールやＢトレインショーティー、Ｎゲージなどで各種玩具・模型化され、人気を呼んでいます。

■9000系などのプラレールが限定発売

鉄道好きな子どもたちの「一番人気」の玩具といえば、まずプラレール（タカラトミー製）が挙げられます。2012（平成24）年5月現在、発売されている京王電鉄車両のプラレールには、8000系、9000系、1000系があります。動物園線多摩動物公園駅舎に併設されている、京王電鉄の鉄道アミューズメント施設・京王れーるランドで、いずれも2100円（税込み＝以下同じ）で限定発売されています。

どの系列も、それぞれの車体の特徴や塗装がきちんと再現され、とくに前頭部はほぼ実物そのままといっていい形に再現されています。1000系もレインボーカラーの7色（一部完売）が用意され、好みのカラーを選ぶことができます。

9000系30番台のプラレール。鉄道会社や地域限定のプラレールは、手に入れたときの喜びが大きい

7色そろった井の頭線1000系のプラレール

■Bトレインショーティーも3系列

京王れーるランドでは、**Bトレインショーティー**（バンダイ製）の6000系（1260円）、7000系（1000円）、1000系（1500円）も発売されています。いずれも先頭車・中間車1両ずつのセットなので、2セットで4両編成がそろいます。6000系、7000系は、いずれも懐かしいアイボリーに赤帯の旧塗装で、1000系は7色すべてが用意されています。車両のリアリティはそのままに、長さだけがショートカットされたBトレインショーティーは、150分の1サイズ。別売りの電動装置に乗せれば、Nゲージ（9mm）の線路で運転することもできます。

京王の車両は、NゲージやHOゲージ（80分の1、16.5mm）でも、各種模型化されています。

マメ蔵

Bトレインショーティー……玩具メーカーのバンダイが2002年から発売する、鉄道車両の模型キットです。彩色済みのパーツを切り取り、はめ込んでいくだけで完成。行先札など多くの種類のステッカーも添えられています。

鉄道会社限定品のBトレインショーティーは、即日完売することもある

カレーショップＣ＆Ｃをはじめ京王グループの魅力的なお店

「カレーショップＣ＆Ｃ」や「高幡そば」、「啓文堂書店」に「ALoT」など、さまざまなショップが各地に展開されています。

■年齢層が幅広いリピーター

京王グループにはたくさんの関連企業があり、さまざまな業種の店舗が、京王線・井の頭線沿線はもちろん、各地に展開されています。

とくに身近な存在が、カレー専門チェーンの「**カレーショップC＆C**」です。レストラン京王が運営するC＆Cは、1968（昭和43）年に1号店がオープンし、いまでは18店舗（2012年8月現在）を展開しています。28種類のスパイス入りのルーに、厳選されたタマネギをふんだんに使い、おいしく、手ごろな価格のカレーを提供しています。「カレーはC＆Cに限る」というリピーターは年齢層を問わず数多く、各種レトルト製品も販売されています。

レストラン京王は、立ち食いの「高幡そば」や、そばと居酒屋の「多摩の里」なども運営しています。

リピーターが多い「カレーショップC&C」は、京王沿線に店舗を展開

■書店やカフェ、婦人服のお店も

駅ビルなどでよく目にする「啓文堂書店」も、京王書籍販売というグループ企業による運営です。構内などの売店「A　LoT」とミニコンビニの「K-Shop」は京王リテールサービス、ベーカリー＆カフェの「Le repas」は京王食品、「フラワーショップ京王」は京王グリーンサービスの店舗です。新宿、聖蹟桜ヶ丘の京王百貨店はもちろん、各地に展開するスーパーマーケットの「京王ストア」、生活雑貨や文具の「京王アートマン」もおなじみの存在です。

そのほか、クレジットカードの「京王パスポートクラブ」やカルチャー教室の「京王友の会」、京王モールで明るい雰囲気の店内がひときわ目に付く婦人服ショップ「リモーネ」も、グループの「エリート」による店舗です。

マメ蔵

カレーショップC&C……新宿本店には限定メニューとして、「ほうれん草とポークスティックカレー」「ミックスカレー」「ビーフカレー」の3種類があります。全店舗での一番人気メニューは「ポークカレー」で、第2位が「三元豚ロースかつカレー」です。

駅構内の売店「A LoT」

「K-Shop」は駅のミニコンビニ

いちはやくバリアフリー化した超高層ホテルのさきがけ

国内初の「超高層ホテル」としてオープンした京王プラザホテルは、「進取の気風」と「おもてなしの心」で、高く評価されています。

■1436の客室やレストランを持つ巨大ホテル

いまは東京都庁をはじめ、何棟もの超高層ビルが立ち並ぶ新宿副都心ですが、最初に建設されたのが1971（昭和46）年6月5日に「国内初の超高層ホテル」として開業した、京王プラザホテルでした。1980（昭和55）年11月には南館もオープンし、あわせて1436の客室やレストラン、宴会場を持つ巨大ホテルです。

建設当時、「山手線の外側で国際的なホテルの運営は無理だ」という社外からの意見もありました。しかし、京王プラザホテルのスタッフは、「閉鎖的な格式の高さより、だれもが気軽に利用できるホテルを目指そう」というコンセプトで、新たな都市ホテル像づくりに取り組みました。根底にあったのは「進取の気風」と「おもてなしの心」だったといいます。

幅広い層に支持されている「京王プラザホテル」

■早くからバリアフリー化

京王プラザホテルの47階は当初、超高層ビルの特性を生かし、有料の展望室として宿泊客以外にも開放されていました。当時のホテル業界の常識からすれば、「無謀」といっていい試みでした。ホテル名の「プラザ」からして、人が集まる「広場」を造ろうという発想によるものです。

また、京王プラザホテルが高い評価を得たのは、早い時期からバリアフリーに取り組んだことも大きな要因とされています。京王プラザホテルの客層は、ビジネスマンはもちろん、ファミリーから女性客まで、幅広い層に及んでいるのが特徴です。平日はもちろん、ウィークエンドも予約客でいっぱいという都市ホテルは、いまも珍しい存在です。

京王プラザホテルは現在、新宿のほか、多摩、八王子、札幌にも立地しています。京王電鉄は2002（平成14）年以降、宿泊特化型ホテルチェーン「**京王プレッソイン**」も都内に8店舗、運営しています。

マメ蔵

京王プレッソイン……「シンプルに泊まる」「都心に泊まる」をコンセプトに、交通アクセスのいい、新宿・池袋・大手町・神田・五反田・九段下・東銀座・茅場町に8ホテル、あわせて2048室を展開しています。

京王プラザホテルのバンケットルーム（一例）

「京王プレッソイン」は、B＆B（ベッドとブレックファスト）提供を専門にした宿泊特化型ホテル

京王沿線の歴史や自然を満喫！人気の「京王沿線ウォーキング」

16年目を迎えた「京王沿線ウォーキング」は、参加無料・事前予約不要の手軽さで人気です。

■スタート駅に直接行けば参加可能

「京王沿線ウォーキング」は、1997（平成9）年に第1回が開かれ、毎年テーマを変えたさまざまなコースが用意されています。ルート内の有料施設への入館料などを除けば参加費は無料で、事前予約も不要、年間8回程度の開催日に、スタート駅に直接出かければ参加可能という手軽さが、人気を呼んでいます。

ここ数年のテーマを見ると、2012（平成24）年度が「京王沿線再発見 水辺と公園を訪ねて」、2011（平成23）年度「京王沿線城跡・砦跡めぐり～鎌倉・室町時代に思いを馳せて～」、2010（平成22）年度「駅から駅まで歩いてみたら、小さな発見、大きな思い出」と、多岐にわたっているのが分かります。

午前9時30分～10時30分の間にスタート駅でコース図を受け取れば、午後3時のゴール受付終了まで、歩くペースは自由です。5回の参加で「完歩賞」の記念品がもらえます。

京王沿線ウォーキングのチラシ

■ホームページも内容充実

年度別テーマに沿って用意されたルートは、たとえば2012（平成24）年度の第１回ならば、「日野の湧水と歴史を訪ねて」という、高幡不動駅発着の約9.5km、約２時間20分のコースでした。高幡不動駅～浅川～東豊田公園～日野中央公園～**新選組のふるさと歴史館**～日野宿本陣～高幡不動駅のコースには、見どころが満載です。

「京王沿線ウォーキング」が好評なのは、そのコース図の「いたれりつくせり」といっていいほどの詳細さによります。どの信号や交差点を曲がるかという指示はもちろん、ポイントごとにおもなスポットの関連情報やコース途中のトイレの場所なども添えられています。

当日参加できなくとも、京王電鉄のホームページ内に「京王沿線ウォーキング」の詳細ページが用意されているので、過去のコースを参考に、後で個人やグループで同じコースをたどってみることも可能です。参考のために、次回以降の予定コースも案内されています。

マメ蔵

新選組のふるさと歴史館……新選組の誕生から終焉までを、周辺も含めて通史的に扱うことで、武闘派集団という通常のイメージを超えた、歴史の流れの中での新選組の位置付けを紹介しています。

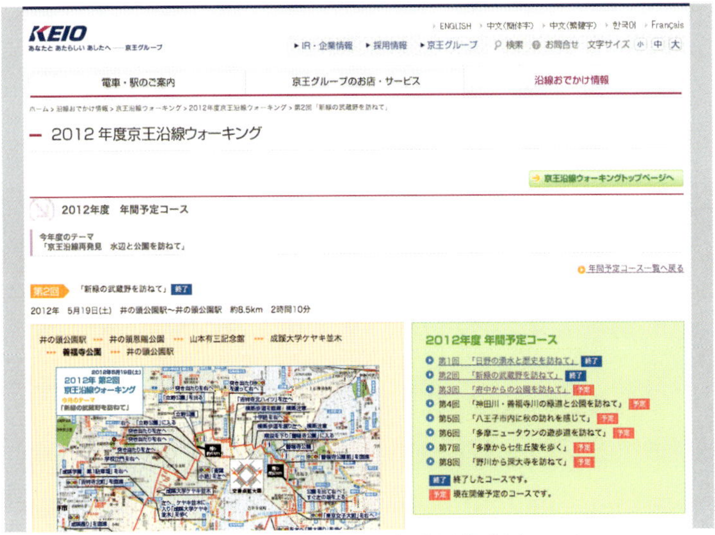

京王電鉄のホームページにも、京王沿線ウォーキングの詳細が掲載されている

京王バスは鉄道との協調により東京西部のネットワークを形成

京王電鉄バスグループは、地域密着型のきめ細かな運行によって、東京都西部から神奈川県北部にかけての交通ネットワークを担っています。

■ グループ5社できめ細かな運行

京王線・高尾線・相模原線・競馬場線・動物園線と井の頭線で、東京都西部から神奈川県の北部にかけて、長編成の電車による大量輸送を行っている京王電鉄ですが、沿線住民がすべて駅からの徒歩圏内に住んでいるわけでは、もちろんありません。電車を補完し、乗客の利便性を図る広域的な交通ネットワークの形成を担っているのが、京王電鉄バスグループなのです。

一般に「京王バス」と呼ばれていますが、現在、京王グループのバス事業は京王電鉄直営ではなく、京王電鉄バス（営業所は桜ヶ丘・八王子・高速バスセンター）を基幹会社として、京王バス東（中野・永福町・世田谷・調布）、京王バス南（多摩・南大沢）、京王バス中央（府中）、京王バス小金井（小金井）のあわせて5社により、地域の実態に即したきめ細かな運行がなされています。

京王電鉄バスグループのなかで、京王電鉄バスだけは、電車に準じた塗装

■トップランクのバリアフリー・エコ化

京王電気軌道（当時）は笹塚～調布間を開通させた1913（大正2）年、未開通区間の新宿～笹塚間と、調布～府中～国分寺間にバスを走らせました。以来、「京王のバス」は車両と路線を増やし、2012（平成24）年現在、5社あわせて2000kmあまりの路線と、800台を超すバスを持つようになりました。

京王電鉄バスグループの特徴は、民間事業者としてはトップランクのバリアフリー化と低炭素社会への対応がなされていることです。1998（平成10）年に初めて低床式のノンステップバスを導入して、現在バリアフリー対応率は100%に達しています。2003（平成15）年にはCNG（圧縮天然ガス）スタンドの「京王エコ・ステーション永福町」を新設して、**CNGバス**の導入を進めています。

高速バスは新宿を発着して中央自動車道の山梨、長野方面などを主体に、関西、静岡、仙台方面への路線や羽田、成田への空港連絡バスも運行しています。

西多摩地区の交通ネットワークを担う西東京バスも、京王グループの会社です。

マメ蔵

CNGバス……ディーゼル（軽油）車に比べて、二酸化炭素を20～30%、窒素酸化物を60～70%低減する性能があるといわれています。課題は、現状で車両価格がおよそ1.7倍、燃料代が2.4倍ほど高くつくことです。

圧縮天然ガスで動くCNGバス

観光、アミューズメントとセット 京王の「おとくなきっぷ」を使おう

京王電鉄のおとくなきっぷには、「京王アミューズメントパスポート」「高尾山きっぷ」「TOKYO 探索きっぷ」があります。

■ 遊園地へは「京王アミューズメントパスポート」

京王電鉄が発売する「おとくなきっぷ」には、まず沿線の遊園地の施設利用券（フリーパス）と京王線・井の頭線全線の１日乗車券がセットになった「京王アミューズメントパスポート」があります。対象となる遊園地は、よみうりランド（川崎市）、東京サマーランド（あきる野市）、**サンリオピューロランド**（多摩市）の３施設で、東京サマーランド用は、京王八王子駅〜東京サマーランド間の西東京バス往復乗車券も付きます。

よみうりランド用は、入園料とのりもの乗り放題で大人3700円・中高生と17歳以下2900円・子ども2800円。東京サマーランド用は、入園料＋アトラクション＋プールで大人4000円・子ども2720円。サンリオピューロランド用は、入場料＋アトラクションで大人4000円・子ども3000円です（2012年５月現在。一部利用できない施設あり）。

京王アミューズメントパスポート（発行当日限り有効）

京王沿線の遊園地の施設利用券（フリーパス）と電車の１日乗車券がセットになったパスポート

遊園地	交通機関	内容	料金
よみうりランド	京王よみうりランド駅より ゴンドラ５分	・京王線・井の頭線全線１日乗車券 ・ワンデーパス（※１） ※ゴンドラは別料金になります ※プールWAIは別料金になります。ご利用いただく場合にはプールWAI窓口にて500円をそえてチケットをご提示ください。	大人3,700円 大人（中学・高校生または17才以下）2,900円 小人2,800円
東京サマーランド	京王八王子駅より 西東京バス３０分	・京王線・井の頭線全線１日乗車券 ・西東京バス往復乗車券 ・フリーパス（※２）	大人4,000円 小人2,720円
サンリオピューロランド	京王多摩センター駅より 徒歩５分	・京王線・井の頭線全線１日乗車券 ・パスポート（※３）	大人4,000円 小人3,000円

発売場所	京王線・井の頭線の各駅自動券売機にて発売

※１：入園料＋のりもの乗り放題
※２：入園料＋アトラクション＋プール
※３：入場料＋アトラクション
（但し、各遊園地ともご利用になれない遊戯物がある場合があります）
発売場所は、京王線・井の頭線各駅です。

■「高尾山きっぷ」や、都営交通１日乗車券付きも

高尾山への参拝・登山に便利な「高尾山きっぷ」も発売されています。京王・井の頭線の各駅から高尾山口までの往復乗車券＋高尾山ケーブルカーまたはリフトの往復か片道乗車券がセットで、大人・子ども、いずれも通常運賃の２割引となります。大人の場合、新宿・渋谷からのリフト・ケーブル往復で1320円、府中からは1160円などといった設定です。ただし、12月31日～１月３日は発売されません。

「TOKYO探索きっぷ」は、京王線・井の頭線の往復割引乗車券と、都営交通（都営地下鉄、都バス、都電荒川線、日暮里・舎人《とねり》ライナー）の１日乗車券をセットにしたきっぷで、京王分２割引＋都営分が大人700円・子ども350円の設定です。ただし、新宿での発売はなく、井の頭線の場合は新宿までの往復運賃の２割引が都営分に加算された金額になります。

３種類とも当日限り有効で、京王線・井の頭線各駅の自動券売機で買えます。

マメ蔵　**サンリオピューロランド**……京王多摩センターから徒歩数分にある、1990年開園の屋内型テーマパーク。ハローキティやマイメロディなど、おなじみのキャラクターが活躍するアトラクションが、変わらぬ人気を呼んでいます。

高尾山きっぷ（発行当日限り有効）

京王線・井の頭線各駅から高尾山口までの往復乗車券と、
高尾山ケーブルカーまたはリフトの乗車券がセットになったきっぷ

	大人	小人
電車往復乗車券 ＋ ケーブルカーまたはリフト往復乗車券	2割引	
電車往復乗車券 ＋ ケーブルカーまたはリフト片道乗車券	2割引	

各駅の高尾山きっぷの発売金額はこちら
※１２月３１日～１月３日は発売いたしません。

TOKYO探索きっぷ（発行当日限り有効）

京王線・井の頭線の往復割引乗車券と、
都営交通の１日乗車券をセットにしたきっぷ

内容	京王線・井の頭線（発駅～新宿駅）往復乗車券と 都営交通（都営地下鉄、都バス、都電荒川線、日暮里・舎人ライナー）の一日乗車券 ※京王線・井の頭線内での途中下車前途無効
料金	京王は２割引、都営は大人700円、小人350円

京王の売店で販売される大人気のオリジナル商品

京王電鉄の売店では、定番のタオルやストラップをはじめとする電車グッズや、バスも含めたオリジナル商品が多数販売されています。

■6000～9000系グッズが多数

新聞・雑誌やドリンク類などの購入に便利な京王電鉄の売店「**A　LoT**」やミニコンビニ「K-Shop」ですが、そこは電車やバスをモチーフにしたオリジナルグッズがそろう場でもあります。

新しい製品として、8000系の前面をあしらった多機能ハンドタオル850円（税込み＝以下同じ）があります。ブルー・イエローの2色で布地は四国・今治産。ペットボトルがそのまま入れられるポケットが付いているのが特徴です。9000系はピンク・ブルー（各850円）があります。

9000系、8000系電車型懐中電灯（各1500円）は、白色LED使用で、別売り電池で点灯するほか、手動のダイナモ発電機も内蔵されているので、防災グッズとしても使えます。

そのほか車両別に見ると、8000系関連では、立体パズル（1500円）、ホッチキス（700円）があります。9000系関連では、イラスト入りのオリジナル扇子（1000円）がピンク・ブルーの2色で発売。横骨に「KEIO」ロゴのワンポイントも入っています。90cmまで測れるメジャー（600円）や、最大9分59秒まで設定可能な「うごく！　電車型タイマー」（1500円）もあります。タイマーは2分前、1分前、カウント終了時の音がそれぞれ違います。

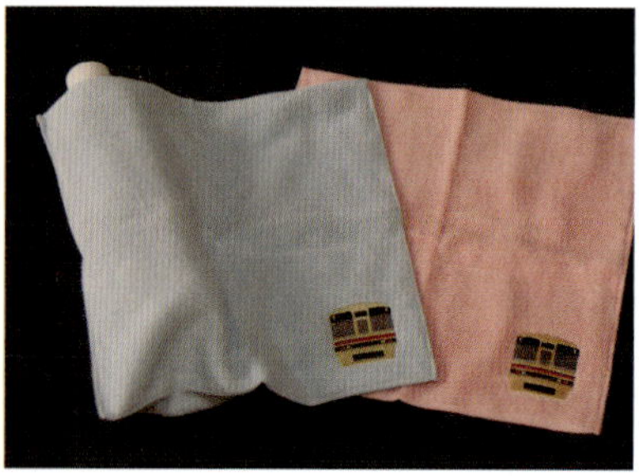

ペットボトルが入れられる9000系の多機能ハンドタオル

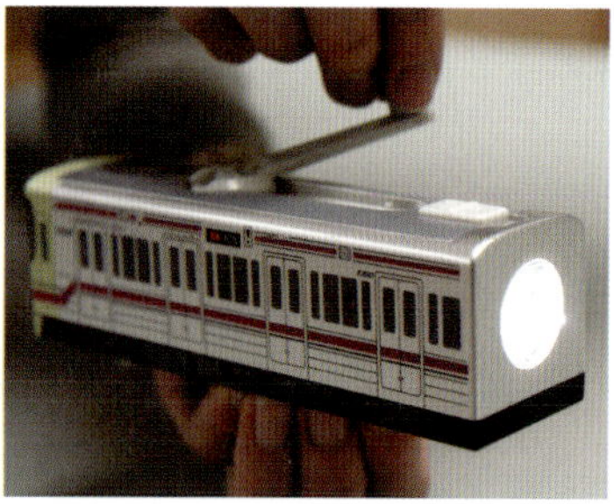

手動のダイナモ発電機が内蔵されている電車型懐中電灯

■キーライトや「しゃべる貯金箱」も

7000系のテープカッター（1000円）と、各車両のイラストが入ったOPPテープ(200円)はセット買いが便利。6000系の目覚まし時計(1500円）は、「TAMA ZOO TRAIN」のシール付きです。3000系の携帯ストラップは7色セット（2400円）での販売です。8000系のクロックキーライト（850円）はデジタル時計が投影される仕掛けになっています。

バスグッズでは、目覚まし時計（1000円）や、コインを入れると車内アナウンスが流れる「しゃべるバス型貯金箱」（1200円）が2色用意されています。

ただし、オリジナルグッズはいずれも限定生産品で、売り切れなどの場合、入手できない売店もあります。

マメ蔵　**A LoT**……おもに駅の改札口近くやホーム上にある売店スタイルの店舗で、京王グッズはもちろん、宝くじや、不祝儀袋・黒ネクタイなど急な用事に必要な商品もそろっています。PASMO、Suicaもほとんどの店舗で利用可能です。

「TAMA ZOO TRAIN」のシールがついた6000系目覚まし時計

点灯するとデジタルの時刻表示が浮かび上がる8000系クロックキーライト

運賃はタクシーの4分の1！深夜急行バス

京王電鉄バスグループは、終電の運行終了後、新宿・渋谷から多摩地区へ６系統の「深夜急行バス」を運行しています。

■ 新宿・渋谷から多摩地区へ運行

京王電鉄バスグループは、終電後の沿線乗客の利便を図るために、新宿・渋谷から多摩地区へ「深夜急行バス」を６路線、運行しています。

深夜急行バスの経由地と運賃（2012年7月現在）

渋谷駅発		新宿駅西口発			
京王線 沿線系統 府中駅行き 0：45発	井の頭線 沿線系統 吉祥寺駅 北口行き 1：00発	府中･国立 系統 国立駅行き 1：25発	調布･府中 系統 府中駅行き 1：10発	聖蹟桜ヶ丘･ 八王子系統 八王子駅 北口駅行き 0：55発	多摩センター 系統 橋本駅行き 0：40発
芦花公園駅入口 1000円	明大前入口 600円	府中駅 2000円	芦花公園駅入口 1000円	中河原駅 2200円	稲城駅 1900円
千歳烏山 1100円	永福町 700円		千歳烏山 1100円		
給田 1200円	西永福 800円	浅間町 2100円	給田 1200円	聖蹟桜ヶ丘駅 2400円	若葉台駅 2200円
仙川駅入口 1200円	浜田山 900円		仙川駅入口 1200円		
つつじヶ丘駅北口 1300円	高井戸駅入口 1000円	武蔵小金井駅 2200円	つつじヶ丘駅北口 1300円	高幡不動駅 2500円	永山駅 2500円
国領 1500円	富士見ヶ丘 1000円		国領 1500円		
多摩川住宅入口 1500円	久我山 1100円	国分寺駅南口 2300円	多摩川住宅入口 1500円	南平駅 2600円	多摩センター駅 2700円
調布車庫 1600円	三鷹台団地 1200円		調布車庫 1600円		
調布駅南口 1600円	下連雀 1300円	泉町交差点 2400円	調布駅南口 1600円	平山城址公園駅入口 2700円	京王堀之内駅 2800円
西調布駅入口 1700円	吉祥寺駅北口 1500円		西調布駅入口 1700円		
飛田給駅 1700円		国立駅 2500円	飛田給駅 1700円	北野駅南口 2900円	南大沢駅 2900円
武蔵野台駅入口 1800円			武蔵野台駅入口 1800円		
多磨霊園駅入口 1800円			多磨霊園駅入口 1800円	京王八王子駅 3000円	多摩境駅 3000円
東府中駅 1900円			東府中駅 1900円		
府中駅 2000円			府中駅 2000円	八王子駅北口 3000円	橋本駅 3100円

■先着座席定員制でPASMO、Suicaも使用できる

新宿発・渋谷発とも、終点への到着時刻は午前2時ごろになります。

いずれも予約制ではなく、先着座席定員制で、満席になると乗車はできません。運行は平日のみで、土休日、年末年始、旧盆の時期は運休です。PASMO、Suicaの利用も可能です。

たとえば深夜料金のタクシーを利用すると、時間こそ「深夜急行バス」に勝りますが、新宿～京王八王子間で1万3000円ほど、渋谷～吉祥寺間でも5500円ほどかかります。その4分の1前後の料金で帰宅できる深夜急行バスは、終電に乗れなかった人たちの「強い味方」なのです。

その他、京王グループの西東京バスでも、新橋～河辺駅北口と新橋～恩方車庫（八王子市）に深夜急行バスを運行しています。いずれも銀座、東京駅南、新宿駅西口を経由します。

マメ蔵

深夜バス……都心と京王沿線を結ぶ深夜急行バスのほか、通常の路線バスにも一部区間、深夜バスが運行されています。おおむね午後11時以降の運行に対して通常運賃の2倍となりますが、タクシー利用よりも、だいぶお得です。

タクシーより安い
深夜急行バスは
かしこく使いたい

毎日の生活を彩る大人のための百貨店
駅弁大会も人気の京王百貨店

2014年で新宿店開店50周年を迎える京王百貨店。「新・日常生活へ―くらし彩る、わたし輝く。―」をテーマに、日々進化を続けています。

■ 独自戦略で中高年層から高い支持を受ける百貨店

京王百貨店は1990年代のバブル崩壊や「新宿百貨店戦争」など厳しい商環境の中、独自戦略で生き残りを図ってきました。若い女性ではなく中高年をターゲットにしたことが功を奏し「新宿百貨店戦争」の「勝ち組」と評されることになったのです。2000年代に入ると当時50歳代を迎えた団塊世代の「旅行が好き」といったニーズをとらえ、店舗は中規模ながらウォーキングシューズコーナーをはじめ、日本一の売り上げを誇るコーナーを複数持つ百貨店へと成長していきます。また、例えばエスカレーターの速度を通常よりも落とすなど、高齢者の方にも優しい店舗環境へと改善も図りました。

しかし、ターゲットの高齢化などによりマーケットは変化していることから、2011（平成23）年春、新宿店の改装に踏み切ったのです。開店50周年の2014年の完成を目指し、今度は団塊世代へのアプローチを続

新たな顧客層の開拓に取り組む京王百貨店

けながら、その下の世代のニーズをとらえ、新たな顧客層の獲得を図ることにしたのです。現在の40～50歳代は仕事や趣味など毎日の生活の充実を求めるタイプが多くなっています。これにあわせて、商品だけにとどまらないライフスタイルの提案を強化していくことになりました。

■さらに進化し続ける駅弁大会

歴史、規模ともに日本一を誇る「元祖有名駅弁と全国うまいもの大会」は、2012（平成24）年で第47回を迎えました。いまではすっかりおなじみになった「対決」企画は、1998（平成10）年の第33回大会の「マス対決」から。同じ食材であっても地方によって調理法が異なるため、より一層郷土色が引き立ちます。全国から集まる多くの駅弁をより深く楽しめるようにと企画されました。また、2006（平成18）年に開設された公式サイト「駅弁大会への道」は期間中55万アクセスを超える人気サイトに成長しています。「駅弁大会初心者ガイド」から動画の「駅弁チャンネル」まで、自分なりの駅弁大会の楽しみ方を見つけるためのデータが満載されています。

マメ蔵

京王百貨店……新宿店、聖蹟桜ヶ丘店のほか、埼玉県三郷市に2009年、サテライト店「ららぽーと新三郷店」を、2012年10月にはJR八王子駅ビル「セレオ八王子北館」にサテライト店2号店をオープン（予定）。

駅弁大会は、PDF版のチラシをダウンロードし、購入する商品を決めておくと効率よく回れる

京王れーるランドって何があるの?

京王れーるランドは多摩動物公園の駅舎に併設された、大人も子どもも楽しめる鉄道アミューズメント施設で、大きなNゲージのジオラマがあり、限定グッズなども販売されています。

■目玉は巨大なNゲージジオラマ

京王れーるランドは、動物園線多摩動物公園駅舎(東京都日野市)に併設された鉄道、とくに京王電鉄の車両をモチーフとするアミューズメント施設で、2000(平成12)年3月にオープンしました。

展示のメインは縦4m×横7mの巨大なNゲージ(9mm幅・150分の1サイズ)のジオラマで、新旧さまざまなタイプの京王電鉄の電車が、広いスペースいっぱいに敷かれた線路上を駆けめぐります。また、実物の京王電鉄車両で使われていた**マスコン**・ブレーキハンドルで、運転操作ができます(1回5分間・100円)。古いタイプのツーハンドルと、いまのワンハンドル、それぞれが選べるのも人気のひみつです。

奥には縦2.7m×横3mのカーペットを敷いたスペースがあり、プラレールを使って遊ぶこともできます(平日100円、土休日300円)。

大人も楽しめる巨大なNゲージのジオラマ

■「ここでしか買えない」限定京王グッズも

館内には9000系前頭部の大きな写真パネルもあり、運転席部分が開けられているので、無料貸し出しの子ども用制服・制帽姿で「運転士気分」の記念写真も撮影できます。また、京王資料館が所蔵する電車行先板や駅名板、古い乗車券類なども展示されています（無料）。

京王れーるランドが大人気なのは「ここでしか買えない」京王電鉄オリジナルグッズが、多数販売されていることもあります。プラレールやNゲージのBトレインショーティーのほか、歴代各車両の携帯ストラップや京王れーるランドオリジナルバンダナ、井の頭線急行板コースターなどは、大人にも人気です。いずれも通信販売は行われていません。

京王れーるランドの開館時間は午前9時30分～午後5時30分で、休館日は毎週水曜日（祝日の場合は営業、翌日休館）となっています。

マメ蔵

マスコン……マスター・コントローラーの略称で、日本語では「主幹制御器」と訳され、鉄道車両のスピードをコントロールする装置です。京王電鉄の車両には、ブレーキと一体化された両手操作ワンハンドルタイプが使われています。

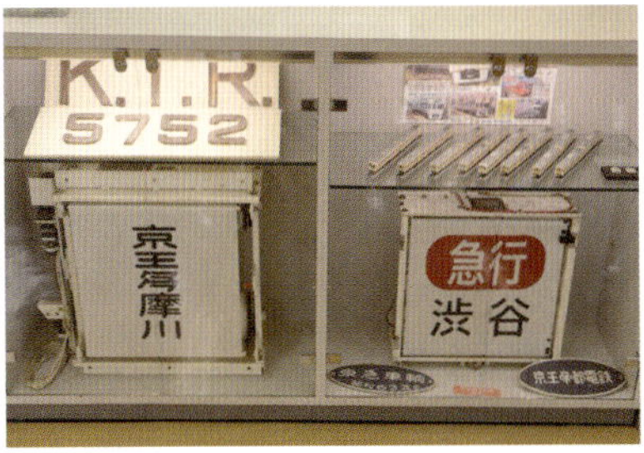

左／京王れーるランドの外観
左下／9000系の写真パネルでは、記念撮影ができる（無料）
右下／過去に使われた方向板や種別板も展示している

人気車両の引退やゲゲゲの鬼太郎もモチーフに

京王電鉄は自社の車両の引退時や新製時などに、さまざまな記念乗車券を発行してきました。近年は沿線の調布を舞台にしたドラマ『ゲゲゲの女房』にちなみ、漫画家・水木しげる氏の作品をモチーフにしたものもあります。

■節目の出来事や年などに各種の記念乗車券

京王帝都電鉄（当時）は1977（昭和52）年12月から翌年1月にかけて、在籍車両が500両を突破したことを記念して、歴代の車両20種類を5枚ずつ、4集に分けたシリーズ記念乗車券（1セット500円）を発売しました。京王の車両の集大成ともいえるこのシリーズは大好評を博し、いまでも大切に保存しているファンが多いといいます。

1978（昭和53）年は京王にとってさまざまな節目にあたり、5月に「多摩動物公園開園20周年記念乗車券」（300円）、6月には京王帝都電鉄・京王バス（いずれも当時）がともに「会社創立30周年記念乗車券」（いずれも300円）を発行しています。

人気の車両の引退時に発売される記念乗車券も、「定番」になっています。2600系は1977（昭和52）年11月に、5000系は1996（平成8）年11月に「MODEL5000さようなら記念乗車券」（400円）のタイトルで発売されています。

2011年12月に発行された「3000系引退記念乗車券」は、D型硬券7枚セット

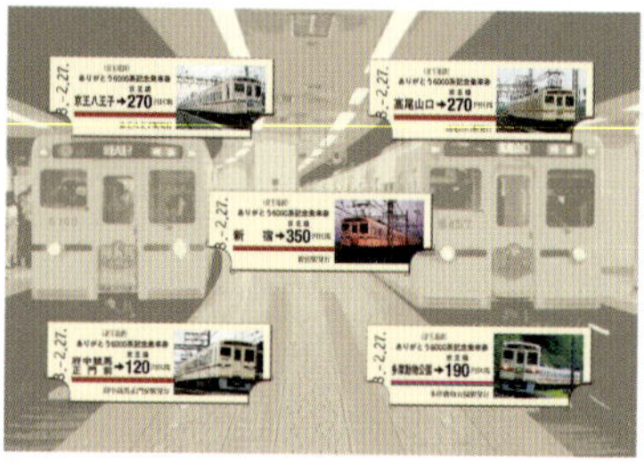

「ありがとう6000系記念乗車券」はD型硬券5枚セットで2011年2月に発行。発売開始前に窓口にファンが列をつくっていた

■近年は水木しげる氏ゆかりの作品関連も

近年の記念乗車券でも、2011（平成23）年2月の「ありがとう6000系記念乗車券」（1200円）が「サンキュー」にちなみ3900セット、12月には「3000系引退記念乗車券」（1200円）が、こちらは最後の編成車両番号にちなんで3778セットの発売でした。いずれも**硬券**を台紙にはさみ込んだもので、それぞれ5枚、7枚の乗車券がセットされています（前ページ参照）。

また、2010（平成22）年の9月には、調布市在住の漫画家・水木しげる氏の人気作『ゲゲゲの鬼太郎』の登場人物が硬券に描かれた、乗車券・入場券7枚セットの「ゲゲゲ記念切符」（1000円）が調布・つつじヶ丘・新宿の3駅で計5000セット発売。2011年9月にも、別ポーズによるイラストが入った「ゲゲゲ深大寺めぐり」（1000円）が、計6000セット発売されています。

マメ蔵

硬券……硬い厚紙で作られたきっぷのことで、鉄道などの乗車券類として古くから使われています。大井川鐵道や岳南鉄道の一部の有人駅では、東京までの連絡乗車券を発売しており、購入すれば新幹線に硬券の乗車券で乗ることができます。

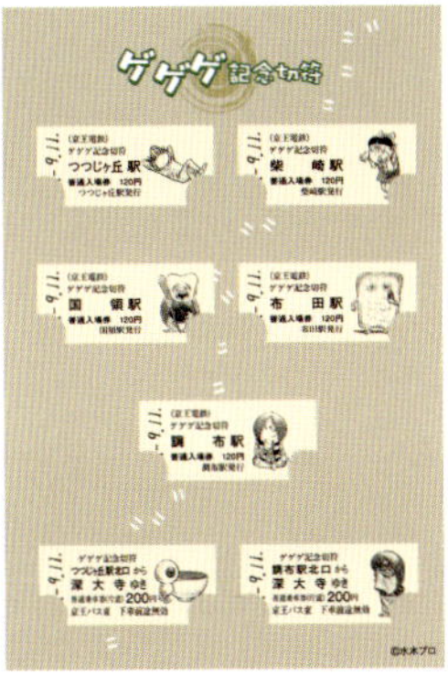

鬼太郎ファミリーが硬券の入場券と乗車券に描かれている「ゲゲゲ記念切符」は2010年に発行された　© 水木プロ

2011年には、鉄道ファンだけでなく鬼太郎ファンにとっても垂涎のアイテム「ゲゲゲ深大寺めぐり」記念きっぷを発行　© 水木プロ

6章 京王電鉄の施設

京王電鉄では、旅客の安全を守るために、
さまざまな設備投資をしています。
自動列車制御装置の導入や車両をメンテナンスする工場など、
最近の安全に対する取り組みをご紹介します。

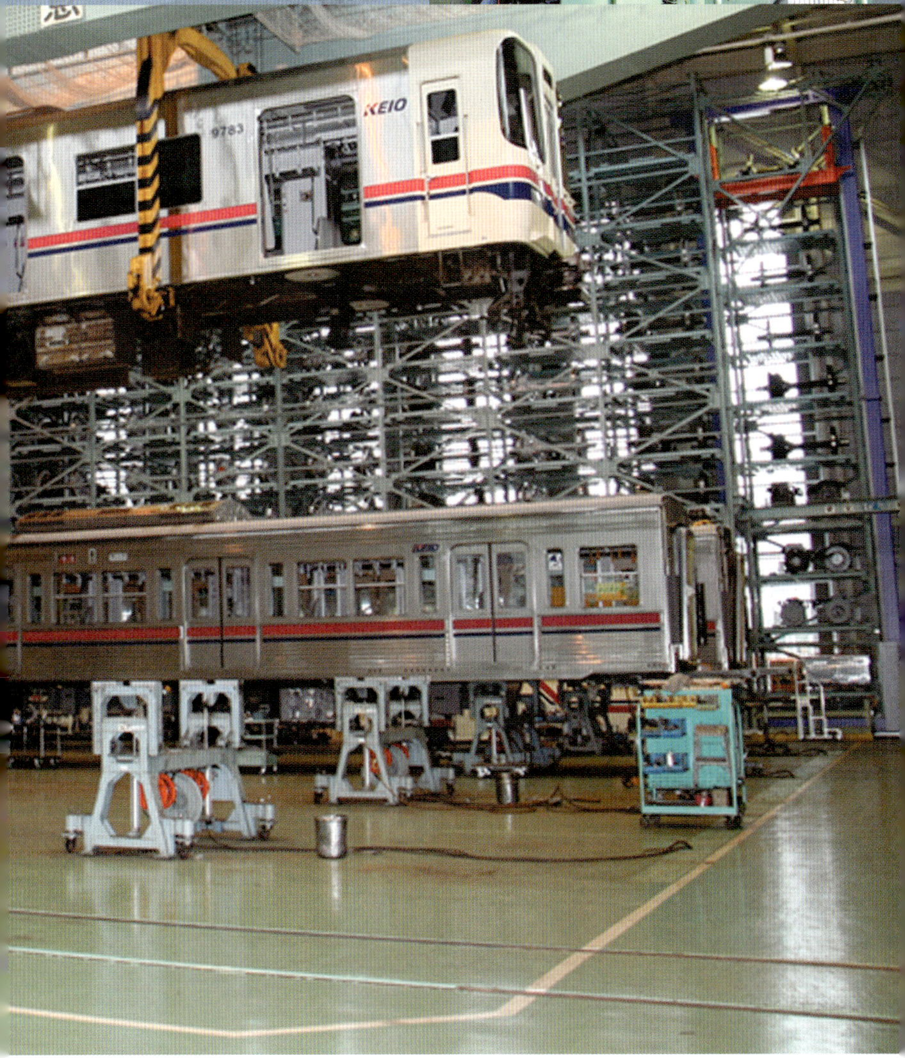
KEIO
9783

京王電鉄の安全を守るATC（自動列車制御装置）

京王電鉄は2011年10月までに、京王線全線にATCを導入しました。駅や踏切の非常ボタンにも連動しています。

■ATC設置完了でより安全性がアップ

京王電鉄は列車運行の安全性を高めるために、全線へのATC（自動列車制御装置）設置を進めてきました。2010（平成22）年3月26日、相模原線に先行導入され、2011（平成23）年10月2日から、京王線・高尾線・競馬場線・動物園線での運用が開始されました。井の頭線もATC化の準備が進んでいます。

ATCとは、先行列車との間隔やカーブ、勾配、ポイントの状況など、さまざまな条件の中で、つねに適正な速度で走行できるように、列車の運転を制御する装置です。これにより、カーブやポイント、線路終端部などに列車が進入する場合、安全上の支障がなくなる速度まで、自動的に減速させることができるようになりました。これまでの**ATS**（自動列車停止装置）に比べて、より安全性が高まっています。京王線はATC導入によって、制限速度が運転台に表示されるため、信号機がなくなりました。

■駅や踏切の非常ボタンにも対応

京王電鉄のATCの特徴として、駅の非常ボタンや踏切の障害検知装置と連動していることが、まず挙げられます。それらが異常を感知すると、該当する軌道回路（線路に流れる信号電流の区切り）部分への進入が禁止され、車上装置（電車に設けられたATC設備）が自動的に軌道回路の入口までに停止できるようなブレーキパターンを作成します。軌道回路内に入っていた場合は、ただちに非常ブレーキが作動します。

さらに、悪天候時や線路内で工事が行われている場合など、特別に設定される速度制限にも対応しています。指令所からの情報で、臨時の速度制限情報が車上装置に送信され、該当する区間の軌道回路の手前までに適正な減速を行うことができます。

マメ蔵

ATS……列車が停止信号を越えて進入しようとした場合、自動的にブレーキをかけて列車を停める装置。改良が施され、初期のものに比べると安全性は高められていますが、根本的な設計思想の違いから、ATCの方がより安全です。

京王線全線にATCを導入
安全性を向上させるために保安システムを充実

ATCの仕組み

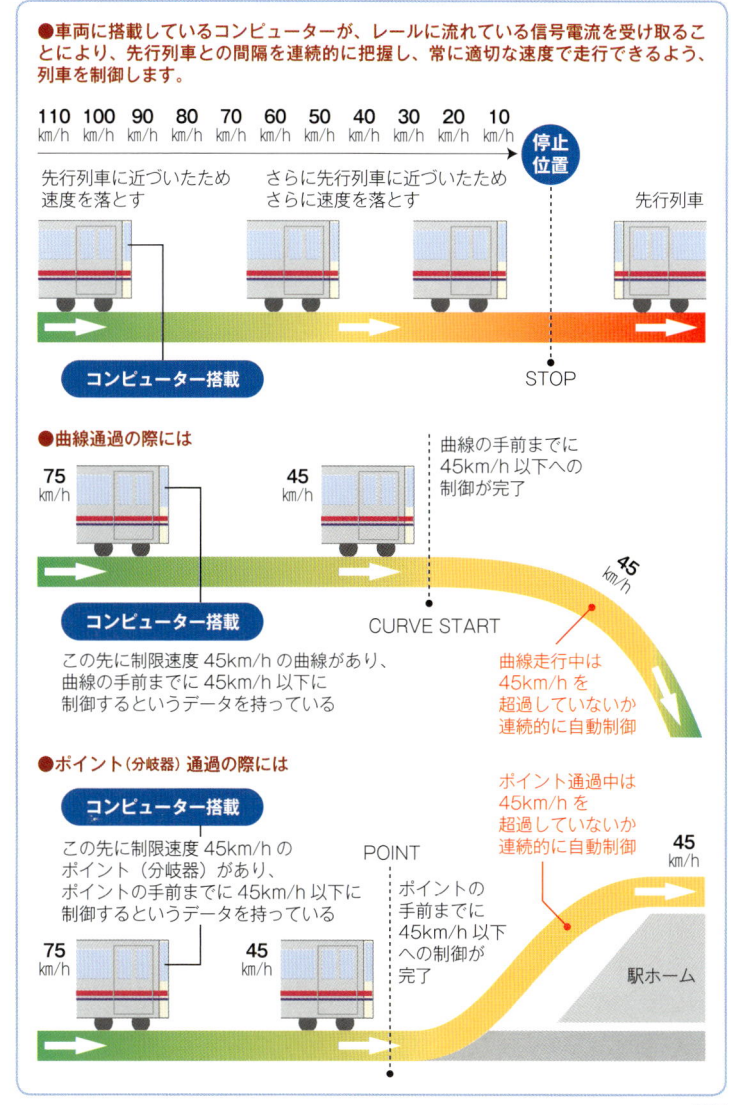

●車両に搭載しているコンピューターが、レールに流れている信号電流を受け取ることにより、先行列車との間隔を連続的に把握し、常に適切な速度で走行できるよう、列車を制御します。

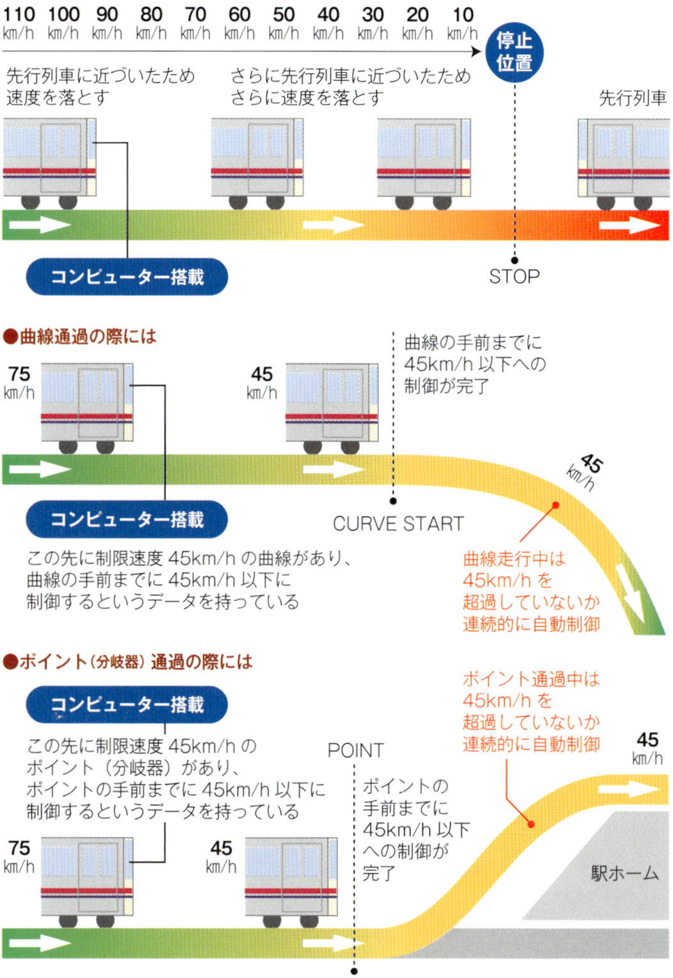

110 km/h
100 km/h
90 km/h
80 km/h
70 km/h
60 km/h
50 km/h
40 km/h
30 km/h
20 km/h
10 km/h
停止位置
先行列車に近づいたため速度を落とす
さらに先行列車に近づいたためさらに速度を落とす
先行列車
コンピューター搭載
STOP
●曲線通過の際には
75 km/h
45 km/h
曲線の手前までに45km/h 以下への制御が完了
45 km/h
コンピューター搭載
CURVE START
この先に制限速度 45km/h の曲線があり、曲線の手前までに 45km/h 以下に制御するというデータを持っている
曲線走行中は45km/h を超過していないか連続的に自動制御
●ポイント（分岐器）通過の際には
コンピューター搭載
この先に制限速度 45km/h のポイント（分岐器）があり、ポイントの手前までに 45km/h 以下に制御するというデータを持っている
POINT
ポイント通過中は45km/h を超過していないか連続的に自動制御
45 km/h
ポイントの手前までに45km/h 以下への制御が完了
75 km/h
45 km/h
駅ホーム

京王電鉄の検車区ってどんな施設なの？

検車区は電車の日常的な検査を担当する施設で、京王電鉄では若葉台、高幡不動、富士見ヶ丘の3カ所に設けられています。

■定期検査と臨時検査を行う検車区

列車の安全運行のために行われる検査は、検車区という施設で日常的に行われています。京王電鉄には3カ所の検車区があり、京王線の電車は若葉台、高幡不動で、井の頭線は富士見ヶ丘で、それぞれ検査を受けています。桜上水にあった検車区は若葉台に移転し、現在は若葉台検車区桜上水派出所となっています。また、**井の頭線の検車区**は、以前は永福町にありました。

検車区では、列車検査、月検査と呼ばれる定期的な検査と、機器トラブルが生じたときなどに随時、臨時の検査を行っています。また、小規模な修理も検車区で行われます。車両洗浄装置を使って行う清掃作業も、検車区の仕事です。若葉台検車区には床下型車輪旋盤装置が設けられていて、車輪のゆがみや傷を修正し、乗り心地の改善に役立てています。

車両の定期的な検査や修理を行う京王線の「高幡不動検車区」

「若葉台工場」では大規模な検査を実施

■大規模な検査は若葉台工場で

大規模な検査は、若葉台にある工場で行われます。4年に一度、または走行距離が60万kmを超える前には重要部検査、8年を超える前には全般検査と呼ばれる大規模な検査が、必ず行われます。重要部・全般検査では電車が部品単位にまで分解され、徹底したチェックが行われます。整備は主電動機、駆動装置、台車、空気ブレーキ装置など、多くの機器に及びます。工場内には、空気ブレーキの作動状況を確認する「空制弁自動試験装置」などの精密機械装置が数多く設置されています。それに加えて、ベテランの検査員による熟練の技も、整備作業をささえています。

ゲージの違う井の頭線の車両は、重要部・全般検査の際には、台車などの部品はトラックで若葉台工場に運ばれます。

マメ蔵

井の頭線の検車区……井の頭線の永福町検車区と工場は、いまは京王バスの営業所になっている場所にありましたが、1966年に検車区、1971年に工場が富士見ケ丘に移設されました。工場は1983年に若葉台に統合されています。

京王電鉄のTTCってどんなシステム？

TTCは自動的に列車の運行を管理するシステムで、遅れが発生したときにはコンピューターが復旧支援計画を作成する機能も持っています。

■ コンピューターが運転整理計画作成

京王電鉄は「TTC」と呼ばれる、**列車運行管理システム**を導入しています。コンピューターにあらかじめ記憶させてあるダイヤと、実際の列車位置情報などを自動的に整理・判断し、駅などの進路制御や案内放送を行うというものです。TTCは京王線に1975（昭和50）年、井の頭線には1970（昭和45）年に導入されています。当初は京王線、井の頭線それぞれに運輸指令所が設けられていましたが、2005（平成17）年に、京王線系統の沿線にある1カ所の指令所に統合されています。

列車に大きな遅れが生じると、TTCがコンピューターで運転整理計画を作成し、指令員はそれを参考に最終的な復旧計画を判断します。

すべての列車を管理する運輸指令所

■ 行先案内板や自動放送装置にも接続

駅の行先案内板や自動放送装置も、TTCによって管理されています。以前は、駅ごとに係員が情報を入力していたため、大きなダイヤの乱れが発生したときには、遅れや復旧見込みの状況などを的確に判断することが難しく、ただ「調整中」の表示を行うことしかできませんでした。しかし、TTCと連動することによって、運転整理計画の情報が瞬時にもたらされ、遅れている列車の到着時刻や復旧見込みの情報が適切に、詳しく表示されるようになりました。

TTCには、ダイヤの復旧計画作成そのもののほか、それに必要な車両や乗務員の管理、配置を迅速に行うための支援システムも含まれています。

マメ蔵

列車運行管理システム……京王のTTCは「Total Traffic Control system」の頭文字を取っています。西武の「SEMTRAC」、小田急の「OTC」など、独自の愛称を付けている会社もあります。

TTCと連動している駅の行先案内板

旅客案内ディスプレイ

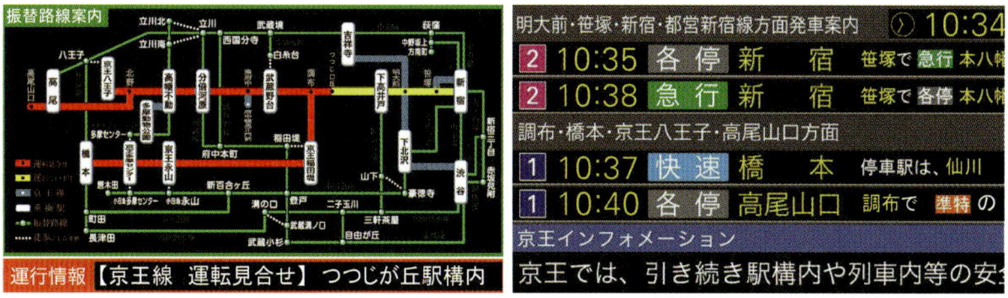

京王電鉄では、そのほか、駅改札口付近に設置した旅客案内ディスプレイで、京王線・井の頭線に運転の見合わせや遅れが発生した場合、発生区間や振替などを案内するサービスを始めた

京王電鉄が取り組むバリアフリー対策

京王電鉄は駅へのエレベーター・エスカレーターや、車内の車いすスペース設置などのバリアフリー化に取り組んでいます。

■エレベーターやエスカレーター、「だれでもトイレ」を各所に設置

京王電鉄は駅施設や車内設備などで、さまざまなバリアフリー化を図っています。段差解消のためのスロープ設置は各所でなされ、2012（平成24）年3月現在、エレベーターは65駅、エスカレーターは43駅に設置、下北沢（小田急線連続立体化を予定）を除く68駅で段差解消が完了しています。車いす利用者や小さな子ども連れの乗客に便利な多機能トイレ「だれでもトイレ」も、67駅に設置されています。

駅構内の施設配置案内図には凹凸や点字、ピクトグラム（案内用の図記号）を使った分かりやすいものを67駅に設置。自動券売機には点字か音声案内機能を備え、点字運賃表とホームの誘導ブロックは全69駅への設置を終えています。ブロックのホーム内側を示す「**内方線**」の整備も順次、進めているところです。

■ドアごとに点字シールを貼付

車内の車いすスペースと、LEDまたは液晶表示による案内表示器、ドアチャイムは、京王線の9000系・8000系、井の頭線の1000系すべてに設けられています。7000系についても順次、設置を進めています。また、目の不自由な乗客が自分の乗っている車両の番号・位置が把握しやすいように、車両のドアごとに、たとえば「1号車3番ドア」などと表記した点字シールと、号車番号を知らせるシールを張っています。

電車への乗り降りをしやすくするために、新宿駅などでホームのかさ上げも行われています。ホームと車両との間に渡す車いす用スロープも全駅に設置。また、階段の段差を分かりやすくするために、踏み面の端に明度差を付けています。

マメ蔵

内方線……ホーム縁端の黄色い点字ブロックの内側寄りに設けられた、線路と並行した直線状の盛り上がりのことです。黄色いブロックは感知できても、どちらがホーム内側か分からない状況に対応しています。

高齢化社会に対応するため施設のバリアフリー化を促進

京王電鉄では駅のバリアフリー化を着実に進めている

駅の入口から段差なく移動できるようエレベーターを設置

ホーム縁端部にある警告ブロックには、ホームの内側を示す内方線を整備する

京王電鉄は騒音防止のためにどんな対策をしているの？

京王電鉄は騒音・振動対策として、京王線・井の頭線各１カ所に車輪フラット検出装置を設けるなどの取り組みを続けています。

■車輪フラット検出装置を２カ所に設置

雨天時などに電車のブレーキがかかると、車輪がロックしてレール上を滑り、摩耗によって車輪に平らな部分（フラット）が生じます。このフラットが、電車の騒音・振動の大きな原因になっているのです。

京王電鉄は、車輪に発生したフラットを自動的に検出する装置を、京王線・井の頭線それぞれ１カ所に設置しています。ここで検出されたデータは、すぐに車両基地に置かれたコンピューターに転送されます。該当する車両は車両基地で、車輪を削ってフラット部分を修正したり、場合によっては車輪自体の交換をしたりもします。

■ロングレールや遮音板などで騒音の拡散を防止

騒音・振動の発生源であるレールの継目を少なくするため、レールを溶接する「**ロングレール**化」の推進や、従来よりも継目の少ない「弾性分岐器」を採用しているほか、レールの表面を研削することで凹凸をなくして、騒音・振動の発生を抑制しています。

高架橋の側面や線路敷地の境界部分には遮音板を設置して、列車騒音の拡散を防止しているほか、橋梁においては鉄桁部分を覆う防音工事を施工しています。また、トンネル内では枕木の下面に緩衝材を取り付けた「防振枕木」を敷設しています。

沿線への「音環境」の向上のために、車両の装置にも工夫が凝らされています。それは通常の警笛のほかにやわらかな音質の電子警笛装置が搭載されていることです。２種類の警笛音が内蔵されていて、スイッチの切り替えで音色を変更することができます。

マメ蔵

ロングレール……レールは通常、１本25mの長さで造られており、これを現場に運搬してから溶接します。JRには、あらかじめ基地内で200mに溶接したレールを運搬可能な貨車があります。

騒音や振動の低減など
沿線の環境保護を積極的に推進

継目を少なくしたロングレール

遮音板は高架区間の騒音を防止

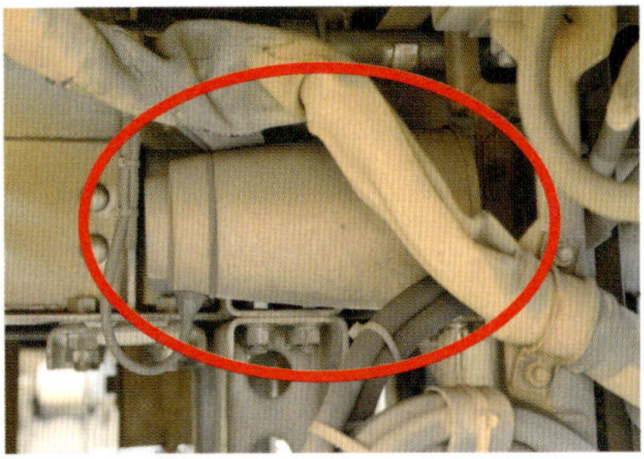

9000系の乗務員室の真下に設置されている電子警笛のスピーカー

運転士を養成する「鉄道教習所」の役割

鉄道教習所は運転士の養成機関であると同時に、シミュレータなどを備えて社員の安全教育なども行っている社内組織です。

■動力車操縦者（運転士）の養成所

京王電鉄は、「安全・安心・快適な鉄道であるための使命を果たせる人材を育成する」ことを目的に、社内に鉄道教習所を設けて、社員の人材育成にあたっています。

「京王電鉄鉄道教習所」は、国土交通大臣指定の**動力車操縦者**（運転士）の**養成所**として、必要な知識・技能の教育を行う機関です。運転士になるためには、駅係員と車掌を経験したうえで、鉄道教習所でおよそ8カ月間の学科講習、技能講習を受け、試験に合格しなければなりません。運転士になった後も、3年間にわたってフォロー教育や、監督者による定期的な添乗指導が行われます。そうして、運転士として必要な知識・技能の維持・向上が図られているのです。

ホーム訓練室では、異常時に駅係員が迅速かつ的確な対応ができるよう訓練を行っている

■ 訓練設備の充実

鉄道教習所は2006（平成18）年に大規模な改修を行いました。ここでは運転士の育成に加えて、社員に対するさまざまな研修なども行われています。実際の駅と同じような施設を造り、駅で使っている自動券売機や自動改札機を設置しています。現場で行うことの難しい収入金の締め切り業務の教育や、接遇向上訓練がそこで行われます。ホームも造られ、列車非常停止ボタンや転落検知装置なども設けて、実際のトラブルに即した形での訓練も可能になっています。

実物大の運転シミュレータも設置されていて、CGを活用した運転士訓練機能と、車掌訓練機能が備えられています。昼夜や降雨時など、さまざまな条件の設定が可能です。

マメ蔵 **動力車操縦者養成所**……映画『RAILWAYS』には、一畑電車の運転士を目指す主人公が、京王電鉄で訓練を受けるシーンがありました。

実際の電車を模した運転シミュレータでは、乗務員の教育や異常時対応訓練が行われる

7章 京王電鉄の歴史

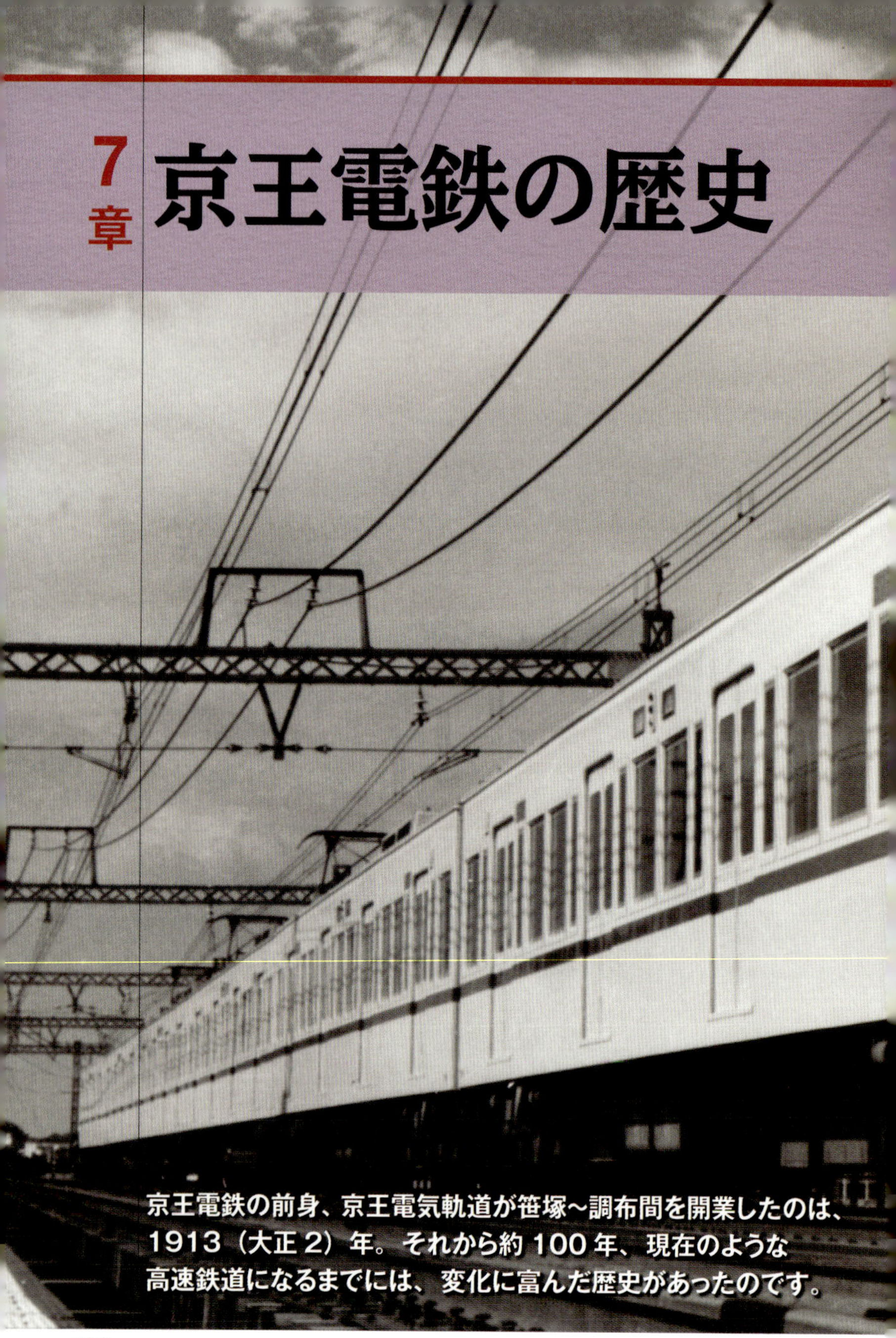

京王電鉄の前身、京王電気軌道が笹塚～調布間を開業したのは、1913（大正 2）年。それから約 100 年、現在のような高速鉄道になるまでには、変化に富んだ歴史があったのです。

6752

京王を飛躍的に発展させた事業家・井上篤太郎

井上篤太郎は1915年、京王電気軌道に専務として招かれ、1928から1935年まで社長として、事業の発展に大きな功績を残しました。

■ 玉川電鉄から招かれ専務に就任

1913（大正2）年4月15日、京王電気軌道（当時）は笹塚～調布間12.2kmを開通させましたが、業績は思うように伸びず、資金の調達もままならないという状況でした。そこで京王電軌は1915（大正4）年6月の取締役会で、当時、**玉川電気鉄道**（現在の東急田園都市線の前身）の取締役支配人として卓越した経営手腕を発揮していた井上《いのうえ》篤《とく》太《た》郎《ろう》を専務取締役として招き、社業復興のすべてを委ねることに決めたのです。

井上は1859（安政6）年、神奈川県三田村（現・厚木市）の生まれ。富士瓦《が》斯《す》紡績（現・富士紡ホールディングス）を経て政友会の衆議院議員となりました。そして、議員在職のまま玉川電鉄の経営にあたり、手腕を発揮しました。京王電軌の専務に就くやいなや、井上はメインバンクだった森村銀行（三菱東京UFJ銀行の前身のひとつ）に、すでに借りていた87万円に加え、さらに50万円の追加融資を申し入れます。銀行側の返答は「貴君がおやりになるのならお貸ししましょう」というものだったといいます。

京王電鉄路線の開業年月日

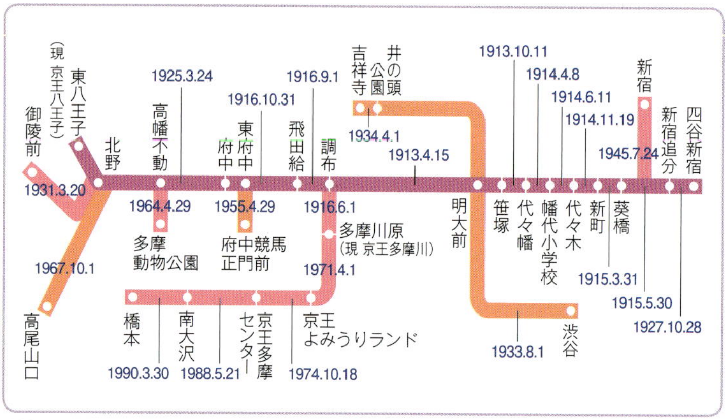

■株主・社員・顧客の「鼎足主義」を実践

資金調達のめどを付けた井上は、積極策に出ます。おもなものとして、調布～府中間の延伸、一部路線の複線化、多摩川支線の建設と砂利搬出、電灯供給事業の拡大などを進めました。社員も一丸となって井上に協力した結果、これらは数年のうちにすべて実現されることになります。破たん寸前だった京王電気軌道の経営は一気に好転し、1916（大正5）年下期には早くも、1910（明治43）年の会社設立以来初めてとなる、株主への5分配当が行われるまでになりました。

井上の経営理念は「鼎足《ていそく》主義」。事業というものは3本脚の鼎《かなえ》のように、資本家（株主）・勤労者（社員）・顧客の三者によって等しくささえられているという考え方です。井上はこれを実践して示しました。社員には利率のいい社内預金や持株制度を設け、顧客へのサービスとして区間制料金や割引運賃の設定、小児半額券の発売などが行われました。井上は1928（昭和3）～1935（昭和10）年の間社長を務め、以降は会長として戦時中の合併によって京王電気軌道が消滅するまで、その発展のために力を尽くしました。実質的な「創業者」として、社内外から慕われ続けた存在でした。

マメ蔵

玉川電気鉄道……多摩川で採取された砂利を輸送するため、1907年に渋谷～玉川（現・二子玉川付近）間が開通。1938年に東京横浜電鉄に合併されました。支線の三軒茶屋～下高井戸間は、東急世田谷線として残っています。

井上篤太郎（1859～1948）は、経営難に陥った京王電気軌道の専務取締役に就任し、大規模な経営改革を断行して、多大な功績を挙げた。取締役社長、取締役会長を歴任し、20年にわたり同社の経営に携わった

一時期、東急電鉄の一部だった京王線

京王電気軌道は国の戦時政策によって1944年5月、東京急行電鉄に合併されました。京王帝都電鉄として分離したのは、1948年5月のことです。

■ 国策により東急電鉄に合併

昭和期に入って戦時体制を強化した日本政府は1938（昭和13）年、陸上交通事業調整法を定めて、各地域の私鉄の統合を進めました。「首都西南部の交通の円滑な運営のため」として、まず1942（昭和17）年5月、東京横浜電鉄に京浜電気鉄道（現在の京浜急行電鉄の前身）・小田急電鉄が合併され、東京急行電鉄と社名を改めました。

井上篤太郎会長をはじめとする当時の京王電気軌道の経営陣は当初、東急との合併に応じませんでした。京王電軌は1937（昭和12）年ごろから独自に沿線の交通機関の合併を進め、武蔵中央電鉄（廃止）や周辺のバス会社を傘下に収めていました。兼営の電灯・電力供給事業も好調で、「合併する必要などない」経営環境にあったからです。収益率で見ても、合併後の東急の18%に対し、京王は24%を確保していたのです。

しかし、東急側のトップ・**五島慶太**は「国策」を前面に押し出して合併を迫り、ついに当時の社長で大株主でもあった穴水熊雄が折れ、1:1の対等合併に同意。1944（昭和19）年5月、京王電軌は東京急行電鉄京王営業局となったのです（いわゆる大東急の成立）。井上は東急の相談役とされ、経営の第一線から退きました。

戦時中に東急傘下に入った関東西部の私鉄

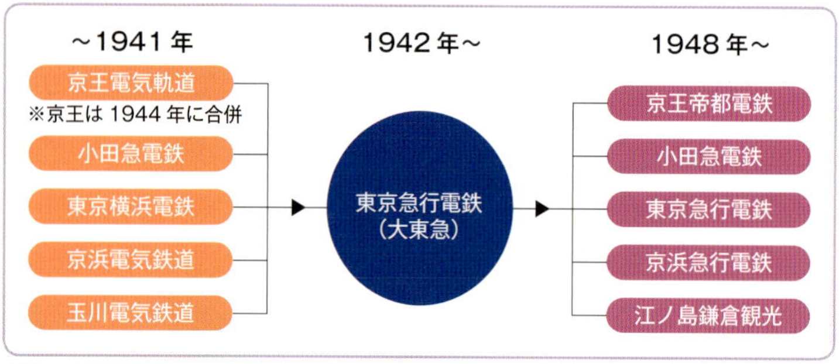

■ 分離時に井の頭線を委譲される

1945（昭和20）年8月15日、太平洋戦争終戦を迎えました。ちょうどこの日、京王線全線を「軌道法」から「地方鉄道法」適用路線とする変更が許可され、10月1日から施行されることになっていました。また、京王営業局は、新宿支社と名称変更されています。

終戦直後の段階から、旧京王・小田急・京浜の経営陣は、東急側に分離を強く要求し始めました。社内に設けられた臨時再建委員会での討議により、東急から京王・小田急・京浜と東横百貨店が分離し、5社体制とすることが決定されます。このとき、旧・帝都電鉄（井の頭）線は小田急から京王に委譲されることになりました。

こうして1948（昭和23）年6月1日、新たに京王帝都電鉄株式会社が設立され、京王線・新宿～東八王子間、調布～京王多摩川間、北野～多摩御陵前間（当時休止中）と井の頭線・渋谷～吉祥寺間、あわせて51.9kmの鉄道路線と、中野・国分寺・八王子営業所管内のバス路線を有する会社として、新たなスタートが切られました。

マメ蔵

五島慶太……鉄道院（現・国土交通省）の官僚を経て武蔵電気鉄道に入社。多くの鉄道会社などを合併して、東急グループの事実上の創業者となりました。戦時中の東條英機内閣では運輸通信大臣を務め、1959年に死去しました。

下北沢では、京王と小田急の間に連絡改札がなく、スムーズに乗り換えができる。かつて井の頭線が小田急電鉄線だったことに起因する

井の頭線と小田急線を結ぶため軍を動員して敷かれた「代田連絡線」

井の頭線は1945年5月の空襲で壊滅的な被害を受け、車両不足を補うために、東急小田原線(旧・小田急線)との「代田連絡線」が突貫工事で建設されました。

■ 空襲で壊滅的な被害を受けた井の頭線

井の頭線の戦災による被害は「壊滅的」といっていいほどのものでした。

1945(昭和20)年5月24～25日の**第2次東京大空襲**で、永福町にあった車庫と車両工場は爆弾の直撃を受け、31両の保有車両のうち24両までが全焼、残った7両のうち5両は他車両との組成ができず、動ける状態だったのは渋谷駅の職員が神泉隧道《すいどう》内に、やっとの思いで避難させた2両だけだったそうです。

その後、井の頭線の運転は残された2両だけでなんとか行われました。東急本社は小田原線などからの車両の補充を決めますが、もともと別会社だった井の頭線は、ほかの路線と接続していません。そこで、下北沢の上下でクロスしていた、高架の井の頭線と地平の小田原線とを結ぶ連絡線が陸軍工兵隊の動員を得て、井の頭線・代田二丁目(現・新代田)～小田原線・世田ヶ谷中原(現・世田谷代田＝当時は戦災休止中)間に、突貫工事で建設されることが決まりました。軍部としても、吉祥寺の近くに日本最大の航空機工場・中島飛行機武蔵製作所があったことなどから、一刻も早い井の頭線の復旧を望んでいたのです。

新代田駅の上りホームから下北沢方面を望む。かつて右方向に代田連絡線が分岐していた

■橋台は枕木で、架線は軟鉄線で代用

連絡線予定地の周辺は、空襲で焼け野原にされていました。土地の持ち主から正式な承認を得られなかった部分もなかば強制的に線路用地とされたといいます。代田二丁目から見て右へ急カーブし、世田ヶ谷中原の東側で小田原線に合流する全長644mの「代田連絡線」は、わずか数週間の突貫工事で、6月中には完成しました。当初は、あちこちからかき集めてつないだ1mあたりの重さ30kgの軽い線路のみの開通でしたが、まもなく架線も張られました。ただし、橋台は枕木、橋脚は線路で代用、通常は銅線が用いられる架線も軟鉄線でした。

まず、小田原線の車両10両が連絡線を経由して井の頭線に入り、運行を始めました。井の頭線の被災車両も8両が復旧されています。まもなく8月15日の終戦を迎えますが、井の頭線の車両不足は続いていたため、東急本社はもともと東横線、湘南線（旧・京浜電鉄線）用に増備する予定だった12両を、1946（昭和21）～1947（昭和22）年にかけて、代田連絡線を使って搬入しています。修繕のため、井の頭線から小田原線の経堂工場へ向かった車両もありました。

井の頭線の配属車両が30両に達した時点で、小田原・東横線用に6両が返却されています。代田連絡線は京王帝都電鉄の線路として、その後も車両搬入・搬出用に利用されましたが、のちにトレーラーによる道路輸送体制が確立されたため、1953（昭和28）年9月に撤去されています。

マメ蔵 **第2次東京大空襲**……下町に大きな被害を及ぼした3月10日に続き、5月25日には山の手地区に、米軍のB29爆撃機が470機、来襲しました。7000人以上が死傷し、皇居も焼けるなど、22万戸が被災しました。

代田連絡線

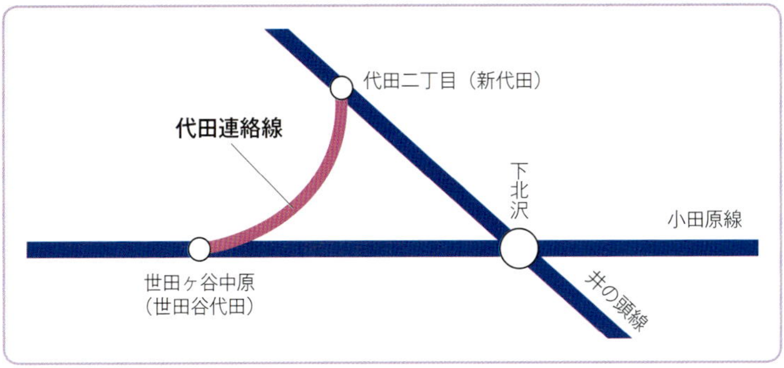

併用軌道の改良で出現した西新宿に誕生した「巨大踏切」

1953年から1963年まで、地上にあった京王線新宿駅の構内出口に、甲州街道の上り線などと交差する「巨大踏切」が存在していました。

■ 甲州街道の東向き3車線を遮断

昭和20年代の京王新宿駅は西口の地上に設けられていて、電車は駅構内を出ると、右へ急カーブして**甲州街道**上の併用軌道に入っていました。京王線は1945（昭和20）年10月1日、法規のうえでは「軌道」から「鉄道」への転換を果たしていましたが、新宿駅出口から文化服装学院正門前付近までのおよそ320mが、なお「路面電車」のまま、残されていたのです。

この区間の改良工事が着手されたのは、1953（昭和28）年のことでした。東京都が都市計画の一環として甲州街道の拡幅を行うことになったのを受けて、京王帝都電鉄（当時）は併用軌道部分を道路の中央に移設して、その両側に都がグリーンベルト（緑地帯）を設けることで、専用軌道化しようというものでした。工事は自動車の通行がひんぱんな甲州街道の中央部で行われたことや、電話・水道・ガス管といった地下埋設物の設置事業者との調整が難航したものの、この年の11月には完了しました。

1953（昭和28）年ごろの京王線新宿駅付近

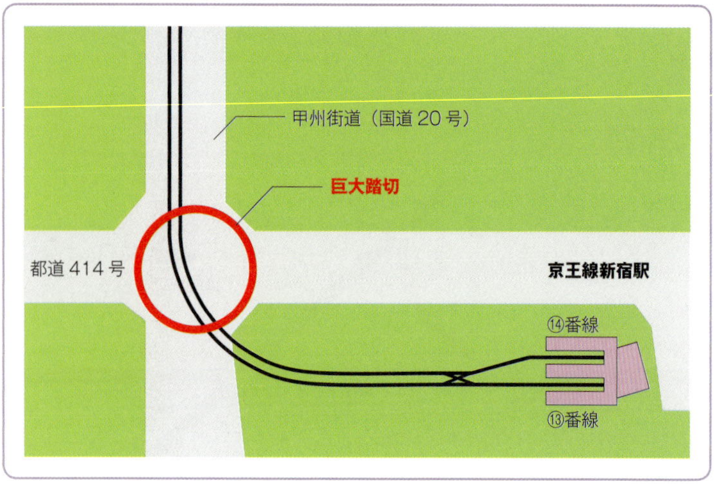

■新宿地下駅の完成まで存在

　ところが、甲州街道の幅が広がった分、新宿駅構内から道路中央部までの、東へ向かう車線（上り線）を遮断する「踏切」の長さもまた、3車線分以上にまで増えてしまったのです。さらに、そこは、ちょうど新宿駅西口広場から延びる道路との交差点（いまの「西新宿1丁目」）になっていて、そちらも片側3車線の広い通りでした。つまり、京王線の専用軌道への移設に伴い、片側3車線同士が交差する広い交差点を、複線の線路が斜めに突っ切る「巨大踏切」が出現する結果になってしまったのです。

　交差する道路の幅の広さと、ターミナル駅直近ゆえの電車運行のひんぱんさが重なり、この「巨大踏切」に遮断機は設けられませんでした。というより、「設けようにも設けようがなかった」というのが実情でした。拡幅によって甲州街道の交通量はさらに増え、大きな「踏切事故」こそ免れたものの、電車の間をなんとかすり抜けようとするクルマ同士の事故や運転手同士のトラブルが相次ぎました。

　「巨大踏切」の解消は、1963（昭和38）年4月1日の、新宿地下駅完成まで待たなければならなかったのです。

マメ蔵

甲州街道……日本橋から内藤新宿を経て八王子、甲府、下諏訪へと延びる、江戸幕府が主要道路として整備した「五街道」のひとつで、ほぼいまの国道20号線にあたります。沿線の高井戸、府中、八王子などはかつての宿場町でした。

巨大踏切があった現在の交差点。京王線の軌道の跡地には駅ビルのルミネが立っている

高度経済成長で輸送量が激増 進む中型車の淘汰と長編成化

昭和30年代の高度成長を受けて、3両編成だった京王線の電車も次第に長編成化が図られ、1968年には、7両編成が登場しています。

■ 新宿地下駅完成、1500V昇圧がはずみに

昭和20年代の終わりに3両編成化を実現した京王線でしたが、高度経済成長に伴う乗客数の伸びは毎年8%を超えるほどに著しく、京王帝都電鉄（当時）は1956（昭和31）年4月、「京王線輸送力増強5カ年計画」をスタートさせました。1957（昭和32）年1月に新宿～高幡不動間の急行・準急を4両編成化、11月には全編成を4両化し、1960（昭和35）年10月には14m級5両編成の運行を始めました。

1963（昭和38）年3月の新宿駅地下化完成により、新宿～高幡不動間に17m級5両編成が登場。さらに8月の1500V昇圧により、10月のダイヤ改定で新宿～東八王子間40分の特急運転が開始され、少し遅れて18m級の5000系6両編成も運行を開始しました。12月には東八王子が移設、京王八王子と改称されています。

1964（昭和39）年には、4月に運行上のネックだった中河原～聖蹟桜ヶ丘間の多摩川橋梁が複線化、多摩動物公園線（現・動物園線）が開通しました。6月には新宿～初台間の地下化が完了、初台が地下駅となりました。

京王線の輸送力増強に貢献した5000系

■井の頭線でも急行運転開始

1967（昭和42）年5月には、すべての特急が6両編成化されましたが、この年までの5年間で、京王線と井の頭線をあわせた1日あたりの利用者は、1962（昭和37）年の69万人から91万人に増えていました。10月の高尾線開業を経て、翌年11月には、7両編成が登場しています。なお、1968（昭和43）年夏から冷房車が投入され、1969（昭和44）年には京王線の全特急が冷房化。井の頭線にも冷房車が登場しています。

1971（昭和46）年4月には、相模原線の第1期工事区間である京王多摩川～京王よみうりランド間が開業、1974（昭和49）年10月の京王多摩センター延伸で第2期工事が完了し、念願だった多摩ニュータウンへの乗入れが実現しました。1972（昭和47）年には20m級4扉車の6000系も6両編成でデビューしています。

井の頭線も1971（昭和46）年4月、3000系に初めて5両編成が登場しました。12月には永福町に退避線が設けられて急行運転を開始。渋谷～吉祥寺間を17分で結びました。井の頭線は1978（昭和53）年1月、全列車が5両編成化されています。

これらの長編成化に伴い、京王線では**14m級の中型車**は1969（昭和44）年までに姿を消しました。

マメ蔵

14m級の中型車……玉南電鉄1形として1925年に製造され、台車を1372mmゲージに取り換えて京王電軌に引き継がれた1形の10両を皮切りに、1928年の110形から1940年の400形まで、あわせて70両が製造されました。

3000系の登場により、井の頭線も全列車の5両編成化が進んだ

混雑解消の切り札として都営10号線乗入れを決定

1980年、都営地下鉄10号（新宿）線が、先に開通していた京王新線と新線新宿駅で結ばれ、混雑解消の切り札となる相互直通乗入れが開始されました。

■ 京王線の都心乗入れが決定

京王帝都電鉄は1955（昭和30）年、地下線による都心乗入れ計画を申請しました。ルートは新宿～神楽坂～飯田橋～東京駅～日本橋～両国間の両国線と、神楽坂～上野間の上野線とされましたが、国の都市交通審議会の計画との兼ね合いもあり、1957（昭和32）年に取り下げています。1968（昭和43）年、都市交通審議会は、芦花公園（のち調布）～新宿～神保町～須田町～浜町～住吉町間の「東京10号線」計画を答申しました。これが、京王線都心乗入れ具体化の始まりとなりました。

京王帝都電鉄はこれに先立つ1966（昭和41）年の段階で、新宿～笹塚間の複々線化を申請していました。これが「10号線」の一部とされ、西参道～幡ヶ谷間の地下線工事が1971（昭和46）年、新宿～西参道間が1972（昭和47）年にそれぞれ着工されました。これらは当初、京王の自社工事でしたが、1972年6月9日、日本鉄道建設公団の受託方式に変更されています。幡ヶ谷～笹塚間の高架線工事は1973（昭和48）年に着工されました。

この間、「10号線」の計画は、橋本～調布～新宿～東大島～本八幡～千葉ニュータウン間という、総延長90kmを超える路線に変更されています。

都営新宿線からは、10-000（いちまん）形が乗入れた

■橋本～本八幡間に直通快速が運行

1978（昭和53）年10月31日、「京王新線」と称されることになった新線新宿～笹塚間の複々線化の線増区間が開通しました。線内折り返し列車のほか、新宿～多摩センター間の運行だった快速・通勤快速は新線新宿発着に改められました。新線の開通によって、朝ラッシュ時の混雑率が196%から155%に緩和されています。

この年の12月21日に、都営地下鉄10号線は都営新宿線に改称され、岩本町～東大島間が開通。1980（昭和55）年3月16日にようやく新線新宿～岩本町間を完成させて、京王線との相互直通運転が開始されました。

1981（昭和56）年9月には6000系による、京王線としては初めてとなる20m級10両編成が、運行を開始しました。京王多摩センター～岩本町間の、朝ラッシュ時の通勤快速5本でした。なお、京王線本線系統の10両編成化は、1982（昭和57）年11月の新宿駅ホーム改修工事完成時から開始されています。

相模原線は1988（昭和63）年5月の南大沢暫定延伸を経て、1990（平成2）年3月30日、橋本までの全線が開業しました。翌年9月、橋本～本八幡間の快速の運行が開始されました。

マメ蔵

都営新宿線の車両……都交通局は10-000形を新製しました。セミステンレス製で、試作車4両を含め、1971～97年に224両が製造されています。京王線との直通乗入れ開始以降は、すべて8両編成で運行されました。

現在は快速のほかに、都営新宿線内にも通過駅がある「急行」も運転

「PASMO」導入で一変した改札口の風景

2007年からICカード「PASMO」が導入され、スムーズな乗降を可能にしています。もちろん「Suica」も全駅で使用可能です。

■ 自動改札機を導入

京王帝都電鉄（当時）が初めて駅の改札口に自動集改札装置を導入したのは、1990（平成2）年3月30日に開業した相模原線の橋本でした。この段階では試験採用でしたが、この年の10月以降、本格的に導入が開始されています。新宿、初台、幡ヶ谷、笹塚、明大前を皮切りに、翌年3月までの半年間で、69駅中25駅・28カ所に設置され、2000（平成12）年9月の飛田給駅への設置をもって、69駅すべてが自動改札化を終えました。

2007（平成19）年には、首都圏のほとんどの電車とバスで利用可能なICカード「**PASMO**」が導入されたことで、改札口の雰囲気も一変しました。もちろんJR東日本の「Suica」も全線・全駅で利用可能です。ICカード専用の改札口も増え、スムーズな乗降に大きく役立っています。また、車いす利用者や大きな荷物を持った乗客に便利な、幅の広い自動改札機も増やされ、2012（平成24）年3月時点で、67駅への設置を終えています。

「PASMO」も「Suica」も利用できる京王電鉄の自動改札機

■自動券売機もバリアフリー化

自動券売機もバリアフリーを考慮した設計となっています。車いす利用者に便利な、つま先部分の蹴込み（足元部分の奥への欠き取り）を設けた券売機スペースが増えています。

定期券は、かつては主要駅の窓口のみでの販売でしたが、いまではそれに加えて、通勤定期券と継続の通学定期券については、全69駅の「定期券」という表示がある券売機での購入が可能になりました。新規の通勤定期券は、自宅のパソコンなどからインターネットで「京王ホームページ」にアクセスし、事前に所定の内容を登録すれば、予約番号を自動券売機に入力するだけで、スムーズに購入することができます。

事故や災害などによる電車の遅延情報などを知らせる電光表示板も、全駅の改札口に設置されました。車内の表示板にも掲示されます。また、「京王ホームページ」や、携帯電話の「京王ナビ」サイトにも、最新の情報が提供されています。

マメ蔵

PASMO……2007年3月18日に関東地方の23交通事業者が使用を開始した、非接触型のICカードです。2012年には鉄道･バスあわせて100の事業者で使用可能となっています。JR東日本でも「Suica」同様に使えます。

車いすや大きな荷物を持っている旅客に対応した幅広の自動改札機

IC カード「PASMO」

車いすの利用者に便利なつま先部分の蹴込みを設けた自動券売機を設置

CI戦略でイメージを一新 新世紀の「KEIO」

京王帝都電鉄は1998年7月10日、社名を京王電鉄に変更しました。さまざまなCI戦略を経て、新世紀の「KEIO」が始まったのです。

■新たな社章「KEIO」を策定

京王帝都電鉄（当時）は1989（平成元）年11月、新しい社章（ロゴマーク）を制定しました。さらに、さまざまな**CI**（コーポレート・アイデンティティ）戦略に取り組んできました。

会社のイメージを表す「コーポレートカラー」には、多摩の自然をイメージした「京王ブルー」と、京王線のラインカラーとして親しまれたワインレッドを洗練・発展させた明るい色合いの「京王レッド」が採用されました。この2色は8000系の帯から使われ、ほかの車両も順次、変更されました。

新たな社章はすべての電車・バスに描かれるようになり、名刺やポスターなどにも用いられて、京王グループ全体のシンボルとして広く認知されるようになりました。

電車（7000系）の前面に表記されている京王グループのロゴマーク

■集大成は「京王電鉄」への社名変更

1990（平成2）年3月には、制服のデザインも一新されました。営業系はグレーからセピアに、技術職はグレーからブルーにそれぞれ変更しています（営業系は2006年夏服グレー、冬服ダークブルーに変更）。駅名板のデザインも変わりました。

バスの塗装も、アイボリーのボディに京王ブルーと京王レッドのラインに塗り替えられました（158ページ参照）。1997（平成9）年に設立された新会社の京王バス（現・京王バス東）には、窓回りをインディゴブルー、最下部をイエローに塗装した車両が登場しましたが、引き続き「KEIO」ロゴを使用しています。

これらの取り組みの集大成として、京王帝都電鉄は1998（平成10）年7月1日、1948（昭和23）年の東京急行電鉄（大東急）からの分離以来50年の節目に、社名の変更に踏み切ったのです。

2003（平成15）年には、「京王グループ理念」を新たに制定し、「信頼のトップブランド」を目指すことを社内外に表明しています。

マメ蔵
CI……企業が持つ個性や目標を明確にしたうえで統一性を図り、それを社内外に広くアピールすることで、企業の理念や存在感を印象付けるための総合的な活動をいいます。社名やロゴの変更などが特徴的な手法です。

駅名板のデザインにもコーポレートカラーを使用

現在のコーポレートカラーは8000系から

京王電鉄のバスにも

8章 京王電鉄で活躍する人たちのひみつ

京王電鉄の第一線で働くさまざまな職種の社員の皆さんに、鉄道にまつわるあんな疑問やこんな疑問を、直接聞いてみました。

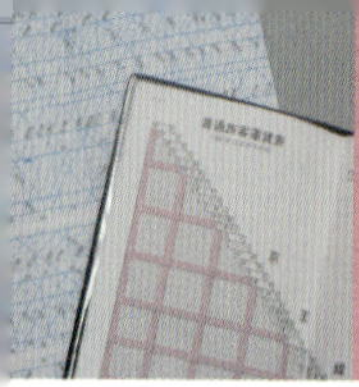

京王電鉄に聞く！❶
運転士

Q 勤務体系を教えてください。

A 一般的な会社では、朝出社して夕方退社するのが普通ですが、乗務員の勤務は泊まり勤務が主体となります。また、自分が乗務する列車の運行時間によって勤務時間が変わり、乗務する列車は日々変わるため、勤務時間も毎日分単位で変わります。

Q 仕事の内容を教えてください。

A 車掌と協力しながら、お客さまを安全・快適・正確に目的地までお運びするのがおもな仕事です。信号や制限速度を守り、車両の混み具合や天候なども考慮して運転します。

Q 運転士が出勤し、宿泊施設や休憩スペースがある乗務区は、京王線（系統）と井の頭線のどこにありますか？

A 運転士と車掌が所属する乗務区は、沿線に4カ所あり、京王線では、桜上水駅・高幡不動駅・若葉台駅、井の頭線では、富士見ヶ丘駅にあります。

車掌と一緒に点呼を受ける。これから乗務が始まる

Q 運転士の必携道具を教えてください。

A 列車運行図表（ダイヤ）や仕業（行路）表です。

Q すべての車両がワンハンドルになりましたが、ワンハンドルのメリットを教えてください。

A「操作性がよくなった」というのが多くの運転士の意見です。

Q ダイヤ上の遅れを取り戻すために、心がけていることを教えてください。

A 安全を第一に、制限速度の範囲内で回復運転に努めています。

Q 女性の運転士は、いるのですか？

A います。全運転士の4%です（2012年5月15日時点女性社員比率）。

Q 運転士の仕事のやりがいを教えてください。

A 何千人ものお客さまを目的地までお運びする責任感は、他業種や職種ではなかなか味わえないものだと思います。そうした責任感を持って終始安全かつ正常に運行できたときにやりがいを感じます。

これが運転士の必携道具だ！

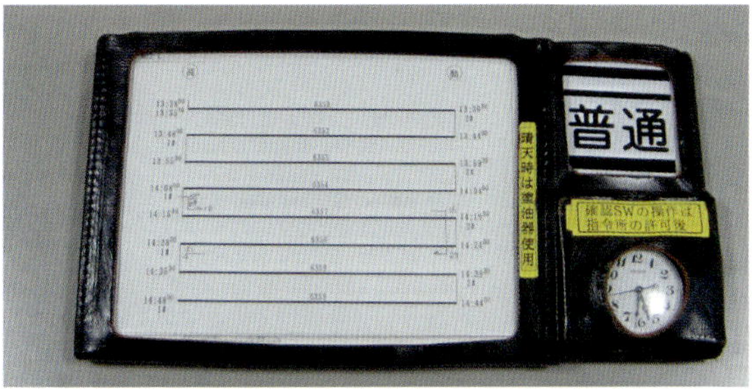

仕業表と時計が入った京王電鉄オリジナルの仕業表入れ

ホームで業務の引き継ぎを行う運転士

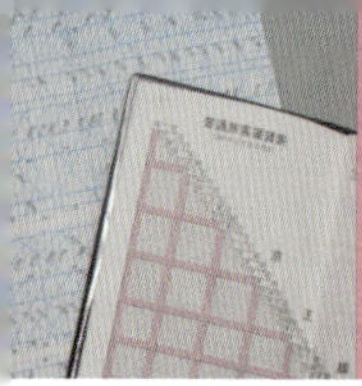

京王電鉄に聞く!❷
車掌

Q 勤務体系を教えてください。

A 運転士と同様に、泊まり勤務が主体となります。また、自分が乗務する列車の運行時間によって勤務時間が変わり、乗務する列車は日々変わるため、勤務時間も毎日分単位で変わります。

Q 仕事の内容を教えてください。

A 運転士と協力しながら、お客さまを安全・快適・正確に目的地までお運びするのがおもな仕事です。駅停車時の扉操作を的確かつ迅速に行い、列車の定時運行に努めるほか、車内アナウンスによりお客さまに停車駅のご案内やマナー啓発なども行います。

Q 車掌が勤務する乗務区は、京王線と井の頭線のどこにありますか?

A 車掌と運転士が所属する乗務区は、沿線に4カ所あり、京王線では、桜上水駅・高幡不動駅・若葉台駅、井の頭線では、富士見ヶ丘駅にあります。

Q 車掌の必携道具を教えてください。

A 列車運行図表・時計・仕業(行路)表・運賃表などです。

車内アナウンスをする車掌。つねに聞き取りやすい放送を心がける

Q アナウンスでとくに気を付けていることを教えてください。
A 抑揚に注意し、お客さまが聞き取りやすい放送を心がけています。

Q ダイヤ上の遅れを取り戻すために、心がけていることを教えてください。
A ひとつの扉に集中してお客さまが乗降し、停車時間が増大しすぎないようにホーム放送で分散乗車をお願いするようにしていますが、あくまで安全第一を心がけています。

Q 女性の車掌は、いるのですか？
A います。全車掌の7%です（2012年5月15日時点女性社員比率）。

Q 車掌を何年務めれば運転士になるための試験を受けることができるのですか？
A 職場の要員状況にもよりますが、だいたい2年で試験を受けることができます。

Q 車掌の仕事のやりがいを教えてください。
A 運転士と協力して何千人ものお客さまを目的地までお運びする責任感のある仕事です。やはり何事もなく安全に業務を終えたときに大きなやりがいを感じます。

扉の開閉はもちろんのこと、電車がホームを離れるまで、安全確認を行う

京王電鉄に聞く!③
車両電気係員

Q 勤務体系を教えてください。

A 電気現業区の部署は、①電力指令所、②電力管理所、③通信管理所があります。

①の電力指令所は24時間勤務の隔勤が主体で9時～翌日9時。

②の電力管理所、③の通信管理所は日勤主体（8時30分～ 17時15分）で、夜間作業（22時～翌日5時）と宿直（17時15分～翌日8時30分）が不定期で計画されます。

Q 仕事の内容を教えてください。

A ①の電力指令所は全線で20カ所ある鉄道変電所の運転状態監視や停電・送電に関する機器操作、電力の需給調整と使用電力量管理、停送電夜間作業の調整、異常気象や事故などが発生したときの技術系職場への指令業務などを実施しています。

②の電力管理所は前記の20カ所の鉄道変電所設備の保守管理と各種工事の施工管理、変電所の遠隔制御監視装置の保守管理、電力設備（電力柱・架線など）・電灯設備（駅などの照明設備）の外注検査の監督、架線検測車・軌陸両用架線作業車などの作業管理などを実施しています。

各種電気設備の保守管理を確実に行う

③の通信管理所は信号設備では列車運行管理システム、ATC装置、踏切保安装置、連動装置などの保守管理および各種工事の施工管理、通信設備では通信線路・搬送通信装置、列車無線装置、自動放送装置、ホーム監視テレビ、気象情報装置、鉄道電話機・交換機などの保守管理と各種工事施工管理などを実施しています。

Q 電気係の必携道具を教えてください。

A ②の電力管理所では、さまざまな点検業務で使用する絶縁抵抗計で、③の通信管理所では信号電圧計です。

Q 電気システムを管理する部署はどこにありますか？

A ①の電力指令所は京王多摩センター（運輸指令所と同じ建物）です。②の電力管理所は高幡不動（現場班は柴崎・高幡不動：3班あり）です。③の通信管理所は明大前（現場班は桜上水・調布・高幡不動・富士見ヶ丘：4班あり）です。

Q 旅客に接する機会は少ないと思いますが、間接的な旅客へのサービスを教えてください。

A 信号保安装置など、各種電気設備の保守を確実に行い、列車運行の定時性と安全運行を確保することと、お客さまのご案内に関連する設備や照明・空調などを確実に動作させることです。

Q 電気係員の仕事のやりがいを教えてください。

A 自分たちの作業を確実に行うことが、列車の安全運行とお客さまへのサービスにつながることです。

列車の定時性や安全を確保する

電気係員の腰道具

京王電鉄に聞く！❹

車両整備

Q 勤務体系を教えてください。

A 車両整備の職場は検車区と工場があります。検車区は「日勤勤務」と「一昼夜交替勤務」、工場は「日勤勤務」のみです。「日勤勤務」の勤務時間は9時から17時45分まで、「一昼夜交替勤務」の勤務時間は8時30分（または9時30分）から翌日の8時（9時30分開始の場合は9時）までです。検車区の「一昼夜交替勤務」には「早番」と「遅番」があり、「早番」の係員は初電前から出庫に備えた点検業務を、「遅番」の係員は終電などの深夜に入庫した車両の点検業務を担当しています。

Q 仕事の内容を教えてください。

A 検車区では、「列車検査」（6日以内ごと）及び「月検査」（3カ月以内ごと）を行い、消耗部品の交換・搭載装置の機能試験など車両の点検整備を行っています。そのほかに、構内の車両入換や車両洗浄時の運転、車輪の削正、営業線での障害対応を行っています。検車区で車両の運転をする者は、「限定運転士」の免許（国家資格）を取得しています。工場では、「重要部検査」（4年または走行距離60万kmを超えない期間）及び「全般検査」（8年以内）を行い、クレーンなどの大型設備を使用して、車両を1両単位で大がかりに分解を行い点検・整備を行っています。そのほかに、車両の改修工事や臨時の修理作業などを行っています。また、検車区・工場の事務所では、

車両の足回りを点検する車両整備士

所属員の勤務管理・職場の安全衛生・各種予算の管理・検査の工程管理・検修設備の維持管理などの管理業務や消耗部品などの購入手配・故障の原因究明や故障防止の対策立案などを行っています。

Q 車両整備士の必携道具を教えてください。

A 懐中電灯（点検灯）と点検ハンマーです。どちらも車両を点検するときに使用します。懐中電灯（点検灯）は、機器の状態を目視で確認する場合に使用します。車両の検査を行う場所は照明設備が備えられていますが、照明の光が届かない部分や機器の細かい部分の点検、車両を停電状態にして行う点検などのときに使用しています。また、夜間に屋外で車両の点検をする場合もあるので必要となります。点検ハンマーは、車両に使用されている多種多様なボルト・ナットの弛みを点検するときに使用しています。係員は、点検ハンマーでボルト・ナットを叩いて、そのときの感触と音で弛《ゆる》みがないか確認しています。ボルト・ナットを締めつけたり弛めたりするときは、そのボルト・ナットに適合したスパナなどの工具を使用しますが、点検のときにたくさんのスパナを用意しそれを持ち歩くのは大変です。点検ハンマーを使用すれば効率的に点検作業を行えます。

Q 検車区はどこにありますか？

A 京王線は若葉台と高幡不動に、井の頭線は富士見ヶ丘にあります。

Q 車両整備士の仕事のやりがいを教えてください。

A 車両の保守は、係員が交替で正月でも連休でも365日休みなく行われています。冷暖房がないところでの作業、台風や降雪のときもあります。そういった中で、京王電鉄を利用するお客さまに、安全で快適な車両を提供し、通勤や買い物などの目的地に何事もなく着いていただくことです。

これが車両整備の必携道具だ！

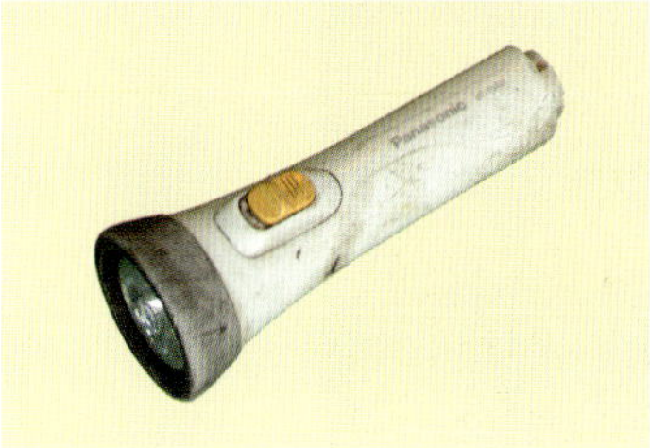

懐中電灯（点検灯）

点検ハンマー

京王電鉄に聞く！⑤
工務

Q 勤務体系を教えてください。

A 日勤勤務8時30分～17時15分（12時～13時休憩）です。夜間（17時15分～翌日8時30分）は宿直者による対応となります。土・日は基本的に公休ですが、交替で必ず当番者がおり、その際は金･土もしくは日･月が公休になります。工事による夜間作業の勤務は22時～翌日5時となっています。毎月、所員全員の公休、宿直、夜間作業などの勤務予定を一覧にした表を作成し、管理しております。

Q 仕事の内容を教えてください。

A 安全で乗り心地のよい線路を維持するために、各種検査、点検、工事施工管理を行っています。その中で、電車走行時の軌道状態を検査するため、年6回総合高速検測車を運行し、線路の保守を行っています。また、事故・災害時の対応などに備え教育・訓練を行っています。

Q 必携道具を教えてください。また、簡単に使い方を教えてください。

A 検査・作業の内容に応じてさまざまな工具や機器を扱っており、確実に使用できるようつねに教育・訓練を行っています。最も基本的な道具としては、標準ゲージ（ゲージ棒）、片口スパナなどがあります。標準ゲー

総合高速検測車で線路の点検を行う

ジでは、軌間狂い（線路の幅）、水準狂い（左右のレールの高さの差）を測ることができ、工事や保守で軌道整備を行った後は、必ず基準値内に入っているかを確認します。片口スパナは線路巡回のときは持ち歩き、締結に弛みがある場合はすぐに締めつけます。

Q 工務や保線を管理している部署はどこにありますか？

A 高幡不動に工務部施設管理所があり、京王線・井の頭線全線の軌道管理を行っております。また、全線の保守業務をグループ会社の京王建設に委託しており、管理所は八幡山・つつじヶ丘・永福町・東府中・北野・南大沢の6カ所と、保線機械（マルチプルタイタンパー）を取り扱う管理所が調布にあります。

Q 旅客に接する機会は少ないと思いますが、間接的な旅客へのサービスを教えてください。

A お客さまに安心して快適にご利用いただけるよう、つねによい線路を保つため、整備を行っています。また、災害時には迅速に復旧できるよう努めています。

Q 女性の工務・保線スタッフは、いるのですか？

A 本社建築担当に女性スタッフがいます。施設管理所にはまだいませんが、事務所に女性用のスペースが設置されていますので、今後は現場で活躍する女性が増えていくと思います。

Q 工務の仕事のやりがいを教えてください。

A お客さまに安心してご利用いただけるよう、つねに安全で乗り心地のよい線路を提供する、という縁の下の力持ち意識です。

これが工務の必携道具だ!

レールの誤差を測定する標準ゲージ

片口スパナは線路巡回のときに持ち歩く

京王電鉄に聞く！⑥
駅係員

Q 勤務体系を教えてください。

A 一般的な会社では、朝出社して夕方退社するのが普通ですが、駅係員の勤務は泊まり勤務が主体となります。朝出社してから食事や休憩を取りながら夜まで働き、仮眠後、翌朝に仕事をしてから退社します。

Q 駅係員になるにはどんな試験があるのでしょうか。また、何か資格が必要なのでしょうか？

A 鉄道現業職の採用試験に合格された方は、必ず駅係員の仕事をしていただきます。特別な資格は必要ありません。

Q 駅係員の仕事の基本的な内容を教えてください。

A 駅係員の仕事の基本となるのが改札業務です。お客さまからの問い合わせへの対応や、運賃精算、ICカード・PASMOの処理、お忘れ物のお預かりや捜索、急病人の対応などのさまざまな仕事を行います。また、ホームにおいて、お客さまの安全の監視や車掌へのドア閉め合図など、安全に関する業務も非常に大切な仕事です。

ホームの安全確認をして、車掌に合図を送る駅係員

Q 駅係員さんの必需品を教えてください。

A 列車運行図表や運賃表です。

Q 旅客からの問い合わせにはどんなものがありますか？

A 運行状況や目的地までの乗車方法、きっぷや定期券の購入方法、周辺施設への行き方、忘れ物の問い合わせなど多岐にわたります。

Q 構内放送は最近自動化されているようですが、駅係員さんがアナウンスすることもあるのでしょうか？

A あります。ホームでの安全確保や列車の運行情報など、定型文による自動放送では対応できないケースも多く、適宜的確にお客さまへ情報提供することを目的として駅係員による放送も行っています。

Q 駅長（管区長）は何人いるのでしょうか？

A 全69駅を7つのエリアに分けて、「管区」と呼ばれる組織で運営しています。つまり、管区長は7人となり、個々の駅の駅長はいません。

Q 管区長になるには、どのような試験があるのでしょうか？

A 管区長になるためには、社内で定められた昇進試験に合格することが必要となります。管区長は現業組織の長であり、統率力や判断力などさまざまな能力や資質に加え、経験なども考慮して総合的に判断され、適性が認められた者のみ合格することができます。

運賃の精算も大事な仕事のひとつ

Q サービス向上のために、努力されていることはありますか？

A お客さま満足度向上のため、各職場でCS（Customer Satisfaction）活動と呼ばれる取り組みを推進し、お客さまに喜ばれる接遇・マナーの強化に努めています。

Q 駅係員として普段から心がけていることはありますか？

A 駅係員の仕事は改札窓口やホームでお客さまと接する仕事です。つまり、駅係員は京王電鉄や京王グループの顔であり、笑顔で誠実できめ細かな対応を意識して仕事に取り組んでいます。

Q 女性の駅係員は、いるのですか？

A います。全駅係員の3%です（2012年5月15日時点女性社員比率）。

Q 駅係員の仕事のやりがいを教えてください。

A 老若男女を問わずさまざまなお客さまの生活に密接に関係する鉄道事業において、最前線で仕事を行うのが駅係員の役目です。そうした責任感を持って仕事に取り組めることが一番のやりがいです。

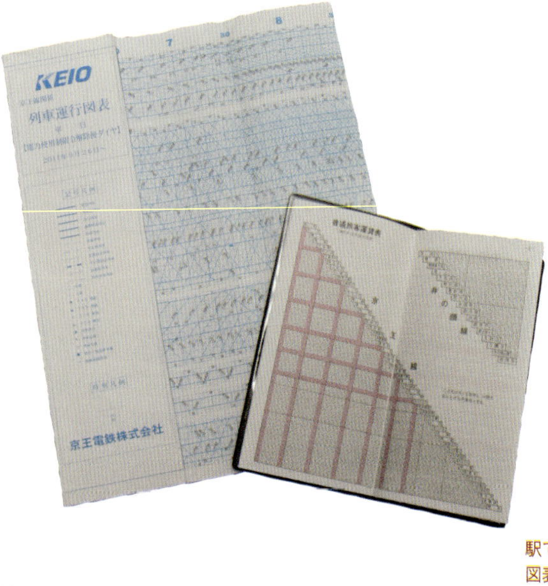

駅でも使用される運行図表（左）と運賃表

京王電鉄に入社するには

大手私鉄の京王電鉄には、多くの社員が在籍し、それぞれの職場で活躍しています。京王で働いてみたいと思っている方も多いのではないでしょうか。京王電鉄では、「総合職」「現業職」などの職種別に採用を行っています。

■ 採用学部学科

事務系総合職：全学部全学科（四年制大学または大学院）

技術系総合職：電気（電子）・機械・土木・建築系学部学科を専攻

現業職・駅係員：専攻不問（高等学校卒業以上）

現業職・技術員：電気・電子・機械・土木・建築科専攻（高卒）、電気・電子・機械系学科専攻（高専・専門卒）

■ 選考方法

面接、筆記試験、適性検査ほか

■ 業務の内容

事務系総合職：鉄道、開発、新規事業、経営企画、IT関連、広報、経理、総務、人事など

技術系総合職：鉄道、開発事業など

現業職・駅係員（車掌・運転士への登用有）：ホームでの監視や精算などの窓口業務

現業職・技術員：車両及び信号・通信・電力・線路の保守など

京王電鉄のホームページからも採用情報を見ることができます。新卒のほかに社会人採用もあります

INDEX